GOLDEN RULES 10
FOR TIME MANAGEMENT

使える時間が倍増する!

時間管理の鉄則

H&Cビジネス(株)代表取締役/税理士
山本憲明

はじめに

世の中には、「いつも時間に追われている人」と「いつも時間に余裕を持っている人」がいます。

かつての私は前者でした。「時間がない、時間がない」などと追い立てられているにもかかわらず、大した成果が出せなかったのです。

現在の日本のビジネスパーソンの大半は、時間に追われているように感じます。本書を読んでいただくあなたも、日々の仕事に追われていて、時間に余裕がないのではないでしょうか。

一方で悠々自適に、余裕を持って過ごしている人もいます。彼らの一部は多くのお金を稼いで、豊かな暮らしをしています。

いったい、その差はなんなのでしょうか？

私たちは毎日が忙しいあまり、じっくりと考える時間が取れません。

そうして時間がないおかげで、毎日の仕事を効率化したり、時間を短縮したりするための作業に、なかなか手をつけられない状態です。

この悪循環から抜け出せないから、かつての私のように、「時間がない、時間がない」と悩んでしまうのかもしれません。


この本に書いていることを、すべて実践しろ……とは言いません。

もしかしたら、すべてを完璧に実践してしまったら、バランスの悪い人生になってしまうかもしれません。

まずは、今のあなたに合ったもの、あなたの課題を解決してくれるものだけで充分です。できることから、実践していただければと思います。

その結果として、時間に対する姿勢が変わり、意識が変わり、さらにはあなた自身が変われば、とても素晴らしいことだと思います。


本文にも書いていますが、**「時間は命そのもの」**です。

命を大事にするのと同じように、時間も大事にしてください。そうすれば、毎日が変化して、人生を思いっきり楽しめるようになるはずです！

税理士　山本憲明

時間管理の鉄則●目次

第3章 時間は増やせなくても、「使える時間」は増やせる！

第4章

「朝の時間の使い方」で、1日が変わる！

第5章

「無意味な休日」をなくすための秘訣

第6章 時間を「投資」して、人生を豊かに！

第7章

数十年先まで考えた「時間のライフプラン」

第1章
時間の使い方が変われば、人生も変わる！

鉄則

01

70万800時間の使い道を見直そう！

「なんとなく忙しい毎日」を過ごしていませんか？

成功者ほど、時間に追われていない

「明日は6時に起きなきゃ」
「今日の会議は、10時から12時までの2時間だ」
「1時間目は国語、2時間目は算数……」
「フルマラソンで4時間切るぞ！」

書いていて、「まだまだあるな。どれを挙げようか」という心境になるくらい、時間に対する概念はたくさんあります。

人は生きていくうえで、イヤでも時間という概念に縛られます。その時間をうまく使う人もいれば、時間に縛られすぎたり、時間をムダにしたりしている人もいます。

私は税理士という職業柄、多くの経営者を見てきました。たくさん稼いで豊かな暮らしをしている人、なかなか稼げなくてつらい思いをしている人など、世の中にはさまざまな方がいます。

とても失礼なことかもしれませんが、そうした違いが生じる理由について、自分なりに考えてみたことがあります。

結論は、**「稼ぐのが上手な人は、時間の使い方も上手い」**でした。

ビジネスを成功させている経営者たちは、時間をお金で買ったり、他人を活用したりしています。そのためか、多くのお金を稼いでいる人のほうが、時間に余裕があるように感じることが多いのです。

稼いでいれば幸せか、という話になると、必ずしもそうでもないと思いますが、稼いでいて時間にも余裕があれば、幸せ度は増すのではないでしょうか。

時間を有効に使えるかどうかは、あなた次第

私はそのような「お金を稼いでいて、かつ時間に余裕がある人」について、いろいろと話を聞いてみたり、そこから自分なりに推測したりすることで、時間を管理することの重要性に気づきました。

時間の使い方を変えれば、人生そのものが変わるのです。

あなたが80歳まで生きるとしたら、与えられた時間は次のようになります。

24時間×３６５日×80年＝70万８００時間

たったこれだけの時間しか、私たちには与えられていません。

この70万時間をどう使うかは、あなたの心がけ次第。だからこそ、時間の大切さを知ったうえで、うまく管理することが必要となります。

本書では、私が学んできた時間管理のノウハウを活かして、「普通の人でもできる時間管理のやり方」「普通の人でもできる時間管理の考え方」について、ご紹介・ご提案していきたいと思います。

本書のやり方と考え方が実践できれば、時間をうまく使って稼いでいくことができます。

仕事は仕事できっちりとやり、自分の好きなことに時間を割いていくことも、ムリなく可能となるでしょう。

鉄則

02

「お金」と「時間」はどちらが大切？

どちらも価値があり、
共通点も多いが、
絶対的な違いも

「お金」と「時間」の共通点と違い

私たちが生きていくうえで、「お金」と「時間」はとても大切なものです。それでは、どちらがより大事なのでしょうか？

どちらも大事なものですし、比べることに意味があるのかもわかりません。ですが、じっくり考える機会も少ないことですから、ここでちゃんと考えておくと、あなたの将来に役立つのではないかと思います。

まずはお金の特徴についてですが、下記のものが挙げられます。

〈お金の特徴〉

- モノやサービスに替えることができる
- 増やすことができる
- マイナス（借金）という概念がある
- 多く持っている人と、少ない人が存在する

次に「時間」の特徴はどんなものでしょうか。

〈時間の特徴〉

- お金（場合によってはモノやサービス）に替えることができる
- 密度を変えることはできても、時間そのものを増減させることはできない
- 通常、マイナスという概念はない
- すべての人に平等に与えられる

ここで挙げたほかにも、「お金」と「時間」は多くの特徴を持っていると思いますが、基本的にはこのようなものだろうと思います。

「時間と命の関係」にまで目を向ける

この中で、私がもっとも特徴的だと思うのは、それぞれの最後の特徴です。**お金が「多く持っている人と、少ない人が存在する」のに対して、時間は「すべての人に平等に与えられる」という違いです。**

1日は24時間、1年は365日と決まっています。この時間を多いと感じる人も、

少ないと感じる人もいます。早く亡くなってしまう人と、長生きする人とでも、絶対的な時間は違ってくるでしょう。

ですが、「1日24時間」「1年365日」は、誰にとっても変わらないのです。

決して簡単ではないものの、増やし続けることも可能なお金に対して、時間は増やすことができません。

貯めておくことも不可能ですから、無意味な「浪費」をくり返していると、どんどん失われてしまいます。

よく「お金は命の次に大切」と言われます。それはそれで認めるとして、時間はどれくらい大切なのでしょうか？

私は「時間は命そのもの」ととらえています。

先ほども書きましたが、私たちの人生の長さは、ある程度決まっています。時間が完全にゼロになるとき、私たちの人生も終わるのです。

このように考えてみると、「時間はお金よりも大事なもの」という結論になるのではないでしょうか。

鉄則

03

「面倒なことは後回し」では後悔する！

時間は誰にでも平等。
だからこそ、使い方に
目を向ける

1年に使える時間は、たった6205時間

10ページ（鉄則1）でも述べたように、**あなたの人生を80年と仮定すると、生まれたときに与えられる時間は70万8００時間です。**

現在30歳の人は、約26万時間使っていますから、残り約44万時間になります。

同様に40歳の人は、残り約35万時間。

50歳の人は、残り約26万時間。

早くに亡くなってしまう人、長生きする人もいるので、一概には当てはまりませんが、多くの場合はこのような残り時間になります。

あなたの残り時間は、どれくらいありましたか？

人間には「1日のサイクル」というものがあります。地球の1回の自転を基準として、「1日24時間」で生活しています。

体内時計もこのサイクルに合わせられていますから、毎日ほぼ同じ時刻に寝て起きて、活動するという生活をくり返すわけです（体内時計には、実際は1日25時間といった話もあります）。

睡眠時間を7時間と仮定すると、1日に活動できるのは、残りの17時間です。

17時間×365日＝6205時間

私たちが活動できる時間は、1年でたったの6205時間というわけです。

この6205時間をどのように使っていくかで、人生に差が出てくるのは、当たり前の話ではないでしょうか。

時間に「投資」して、あとで楽をしよう！

私が時間を有効活用するための基本姿勢は、「前倒しで時間に投資して、あとで楽ができるようにする」という考え方です。

つまり、早め早めに時間を使って、システムを作り上げたり、勉強したりするなどして、人生の後半で使える時間を増やすという考え方です。

人間は年を重ねると、体が衰えてきます。同じことを行うにしても、相対的に時間がかかります。これはどうしようもない現実です。

ですから、若いうちの生活を工夫して、年を取ってからの時間を増やすのです。**高齢になると体力面から動きづらくなってくるので、若いうちに余裕を作っておこうという発想です。**若いうちに老後資金を貯めるのと同じです。

実際に時間を貯めておくことはできませんが、自由に活動しづらい年を取ってからの生活に備えて、早めに投資しておくことによって、時間を貯めることに似通った効果を得られます。

いくつかの本で読んだのですが、「好きなことでも何でも、自分のものにするには、1万時間の勉強が必要」と言うそうです。

人生において「これをやるぞ」ということを決めて、1万時間の勉強をする。そこで培ったスキルや資格をのちの人生で活用できれば、お金も稼げるし、時間も有効に使うことができるわけです。

これも「前倒しで時間に投資して、あとで楽ができるようにする」と同じ発想です。あなたもぜひ、こうした姿勢で生きてみてください。

時間の投資については、第6章で詳しくお話しします。

鉄則

04

時間を管理できたとき、夢や目標が現実に

私が会社員をしながら、税理士試験に合格できた理由

税理士を目指したとき、人生が変わった!

私は大学を卒業してから約10年半、民間企業で働いていました。

初めの5年間は、会社の仕事についていくことだけで精いっぱい。時間管理をする余裕など、まるでなかったことを覚えています。

平日は目が覚めれば、すぐに出社して仕事に取りかかりました。時間を決めずに残業をして、飲みに誘われたらOKしていたものです。

夜や休日はテレビやゲーム、野球などの趣味で時間をつぶしていました。


入社6年目くらいに、こうした生活が一変します。

結婚して子供ができたということもありますが、人生の目標を決めて税理士試験の勉強を始めたため、時間管理の必要が強まったのです。

「普通に仕事をして、空いた時間に勉強をするだけでは、とても合格はおぼつかない。そもそも、ちゃんと勉強をしないだろう……」

私はそのように思い、毎日朝と夜の1時間ずつ、必ず勉強すると決めました。

さらに平日のうち2日間と土曜日は、残業や休日出勤もせずに、勉強だけに集中することにしました。勉強する時間という「枠」を決めて、そこには仕事も余暇も割り込ませないようにしたのです。

その結果、勉強の質と時間を確保できました。予定より早い33歳で、税理士試験に合格することができたのです。

時間を管理するから、目標も実現する

当時の私が実践したのは、「枠」を決めるという簡単な時間管理術ではありましたが、そのおかげで、税理士試験に合格できました。

私はこの体験から、**「時間管理の重要性」**を学んだのです。

税理士として独立してからも、時間管理との戦いの日々は続きました。

さまざまな試行錯誤をくり返してきましたが、ようやく今は、いい形の時間管理ができるようになってきたと思います。

私は現在、「時間管理を行う時間」を確保するようにしています。

わざわざそうした時間を設けるのは、「何事もあらかじめ時間管理をしてから、行動に移していくのが重要」と思っているからです。

時間管理をせずに行動することは、方向を定めないで歩いていくのと同じ、と私はそのように考えています。

方向を定めないでフラフラと歩いていくことも、ときには重要です。特にストレスが溜まっているときには、気ままな時間もいいかと思います。

ですが、方向を定めて歩いていかないと、目的地には到達しません。

私が常々考えているのは、「大きな目標」を持ち、それを実現するために、日々何をするかを決めて、実際に行動していくということです。

大きな目標を持つことで、「目標と現在の自分の差」を認識することができ、「その差を埋めるためには、いつまでに何をすればよいか？」と考えられます。

こうして明確になった「Ｔｏｄｏ（やるべきこと）」を実行するために、時間管理が必要となるのです。

時間管理をしなければ、Ｔｏｄｏをいつ実行に移せるかわかりません。毎日の仕事に追われているうちに、年を取ってしまうのです。

鉄則

05

「時間に縛られない時間管理」を

ストレスを感じることなく、時間を活用することも可能

時間管理のメリットとデメリット

これまで時間管理をすることが、どれだけ必要であるかを書いてきました。**ここではちょっと視点を変えて、「時間管理のメリット」と「時間管理のデメリット」について、考えていきたいと思います。**

時間管理は万能ではありません。実行することで弊害も出てきます。それらをどのように解決していくのかも、時間管理の重要なポイントです。

まず「時間管理のメリット」については、すでにお話ししたことも関係しますが、下記のものが挙げられるでしょう。

〈時間管理のメリット〉

- 目標を達成するために役立つ
- ムダな時間を過ごすことが少なくなる
- 時間管理をしない場合よりも、密度の濃い時間を過ごせる一方、「時間管理のデメリット」は、次のようになるでしょうか。

〈時間管理のデメリット〉

- 時間管理を厳密にすることで、「時間に縛られている」というようなストレスを感じることがある
- スケジュール通りにいかず、ストレスを感じることがある
- 管理されている時間が多くなると、「やりたいこと」「好きなこと」を自由にできなくなり、人生にとってマイナスになる場合がある

ストレスを感じない時間管理もある！

これらのデメリットには、私も随分悩まされてきました。**「どうすればデメリットが解消できるか？」**と頭を使ったものです。

私の場合、スケジュールと「Ｔｏｄｏリスト（やるべきことリスト）」をガッチリ決めすぎてしまい、それが計画通りに実行できないことに、ものすごくストレスを感じてきました。

こうした状態を解消するために、「何も計画せずに、やりたいことをやりたいとき

にやる！」という方法を試したこともありますが、無計画な時間を多く過ごしていると、目標を達成することが難しくなってしまいます。

そこで、**「時間管理はしっかり行うとしても、何時に何をするかまでは厳密に決めない」と軌道修正しました。**

おおよそ次のような方針で、時間を管理することにしたのです。

〈ストレスを感じない時間管理のコツ〉

- 相手の都合があるスケジュールは、時間まできっちり決める
- それ以外のＴｏｄｏは、時間の大枠だけ決めておいて、空いた時間で行うようにする（やるべきことの優先順位もだいたい決めておく）

ストレスは、健康に大きな影響を与えます。

時間管理を行うことで、健康面に問題が発生するのであれば、やらないほうがましです。少々ゆるめの時間管理でいいのではないかと思います。

第１章のまとめ

- 人生を80年としたら、与えられた時間は70万８００時間
- 与えられた時間は誰でも平等。人によって異なるのは使い方
- 「稼ぐのが上手な人は、時間の使い方も上手い」と言い切れる
- 時間はお金と違って、増やすことも貯めることもできない
- ただし、使い方さえ工夫すれば、あとから有効的に活用できる
- 特に「若いうちにどうやって時間を使うか？」が大切
- 時間を正しく使い続ければ、夢や目標も現実に近づく
- 工夫次第で「時間に縛られない時間管理」も実現可能

第 2 章

ムリなく実践できる！時間管理の第一歩

鉄則

06

最初は「現状分析」と「目標設定」から

あなたの時間の使い方には、ムダがあると思いませんか?

目標を決めることが、時間管理のスタート

本章では、「時間管理の基礎」について考えていきましょう。

何事においても「現状分析」をして、「自分が理想とする形（目標とする形）」と比較して、その差を把握することが大事です。

目標を設定し、さらに現状を分析すれば、「目標と現状との差を埋めるためには、いつまでに何をすればよいか？」ということがわかります。

現状分析と目標設定から、あなたの毎日は変わっていくわけです。

意外に思われるかもしれませんが、先に実行するべきは目標設定です。目標を決めてから、現状分析のステップに進んでください。

あなたの目標を設定するためには、まずは「あなたが尊敬する人とか、身近で目標にする人の時間の使い方」を研究してみることです。

尊敬する人や目標とする人が書いた本をたくさん読んで、その人の時間の使い方を学ぶのもいいと思います。

もし尊敬する人や目標とする人が身近にいたり、連絡を取り合えたりするのであれ

ば、直接聞いてみてもいいのではないでしょうか。

尊敬や目標の対象ではないものの、素晴らしい時間の使い方をしている人が、身の回りにいる場合もあるでしょう。いつも余裕を持って仕事をしている同僚や、難関試験に合格した友人などですね。

そうした人に時間の使い方を聞いて、参考にするのもいいですね。

私の場合は、身近に時間管理をうまくやっている人がいるので、その人の時間の使い方を参考にしています。この方は内容の濃いブログを毎日書いているため、それを読んで勝手に参考にしているわけです。

「尊敬する人の時間の使い方」と比較してみる

尊敬する人や目標とする人の時間の使い方がわかったら、それをあなたの生活に当てはめて、さらにアレンジをすることで、「自分はどんな時間の使い方をしていくのか?」といった目標を決めましょう。

ここまで終わったら、現状分析のステップに進みます。ここでは**「自分は今、どんな時間の使い方をしているか?」を振り返ってください。**

まずは今日から1週間、自分の時間の使い方を、ノートやGoogleカレンダーなどのツールに「記録」してみてください。

面倒でも分刻み、せめて15分刻みで、詳細に記録することがポイントです。

たとえば、「前日22時〜5時　睡眠」「5時〜5時30分　読書」「5時30分〜5時45分　ボーッとする」といった感じです。

最後の「ボーッとする」などのように、ムダに使った時間も記録します（私はボーッとすることが必ずしも、ムダとは限らないという考えですが）。

記録が終わったら「集計」をします。どんなことに、どれくらいの時間を使ったかを、計算して明確にするわけです。

そして、先ほど考えた目標や理想との比較をします。

感覚的なものでいいので、目標や理想とする人の時間の使い方と、自分の時間の使い方の差異を書き出してみてください。「どのようなことに何時間使ったか？」「ムダな時間はどれくらいあったか？」といったことですね。

このプロセスを実行するだけでも、さまざまな発見があるはずです。

鉄則

07

スケジュールは「睡眠時間」を軸に考える！

「何もしない時間」から
「何かをする時間」が
決まってくる

睡眠時間を削るには、限度がある

前項のプロセスを実践すれば、「目標や理想とする時間の使い方」と「現実の時間の使い方」の差が、おぼろげに見えてきたと思います。

そこで今度は、**毎日の「活動時間」について考えてみましょう。**

どの時間帯を有効に活用すれば、目標や理想に近づけるかを考えるわけです。

このとき、最初に考えるのが「睡眠時間」です。活動時間を確保するために、睡眠時間を削る人もいますが、これではうまくいきません。

あなたの理想の睡眠時間は、いったい何時間でしょうか？

「最低でも8時間寝なければ、次の日が眠くて仕方ない」
「毎日5時間でも、深い眠りができる」
「土日に寝だめするので、平日は3時間睡眠でOK」

このように理想の睡眠時間は、十人十色だと思います。

基本的には「あなたにとって一番いい睡眠時間」を決めればいいのですが、それがあまりに短すぎる場合、心身に負担がかかります。

私は医学の知識があまりないので、はっきりしたことは言えないものの、本書を読んでくださっている働き盛りの人は、「毎日6〜8時間」くらいは寝るのがいいのではという気がします。

睡眠時間が少ないと、脳に記憶を定着させることが難しくなりますし、気力の充実度も違ってきます。睡眠時間を充分に取っていると、作業も効率的に進みますし、発想力や創造力も高まるものです。

体に負担がかからない範囲で、しっかりと確保することが大事です。私も毎日6時間の睡眠を目標にしています（本当はもっと寝たいのですが……）。

夜型と思う人は、早起きしなくてもいい！

睡眠時間を決めたら、「睡眠を取る時間帯」を決めてください。「何時から何時まで眠るのか？」といったことです。

この時間もなるべく一定にします。私はおおよそではありますが、「23時〜5時が睡眠時間」と決めています。

最近は「朝4時起きで人生が変わる」など、早起きブームが起こっていて、「早起きは素晴らしいことだ」という意見が多勢を占めています。

私も『朝1時間勉強法』（中経出版）という本を書いていますので、早起きして、すぐに活動することの重要性は感じています。

しかし、誰もが早起きしなければならない、ということでもありません。「夜（真夜中）のほうがはかどる」というような人も、少なからずいると思います。

あなたがそうしたタイプであれば、「朝2時～8時が睡眠時間」というように、睡眠時間を遅めにしてもいいかもしれません。

要するに、毎日適当に睡眠を取るのではなく、ある程度の睡眠時間を確保したうえで、大体同じ時間帯に寝るのがいいわけです。

言うまでもなく、睡眠以外の時間は活動時間です。毎日23時～5時に睡眠を取る人は、5時～23時が活動時間となります。

ここから、次の項目で述べる「控除する時間」を決めていきます。

鉄則

08

時間も税金のように「控除」ができる

スケジュールを考えるとき、「毎日やること」は最初から別枠

「毎日やること」の時間はあらかじめ差し引く

あなたの「活動時間」が決まったら、その時間を管理していくわけですが、そのときには「控除する時間」を決めなければなりません。

主に税金の計算の際に使われますので、なじみのない方もいらっしゃると思いますが、「控除」は「あらかじめ差し引く」という意味です。

睡眠時間を除いた活動時間から、あらかじめ一定の時間を差し引いて、残りの時間を管理していくといったイメージをしてください。

この「控除する時間」は、大きく2つに分けられます。

〈控除するべき時間〉

①毎日やることの時間
②他人が関わる時間

この項目では「①毎日やることの時間」について考えます。なぜこうした時間を、あらかじめ差し引く必要があるのでしょうか？

私はある目標を掲げて達成するためには、目標と現状の差を認識し、その差を埋める行動を、毎日コツコツやることが重要だと考えています。

小さな努力の積み重ねが、大きな結果に結びつくわけですね。

反面、あらかじめ時間を確保していないと、「今日はやらなくてもいいや」という気持ちが先に立ってしまいます。

ついついサボってしまい、毎日続けることができないわけです。

私も偉そうなことは言えません。「毎日やろう！」と思っていたのに、時間を確保しなかったために、続かなかったことは多々あります。

決まった時間に行動して、習慣にしよう！

そこで、毎日コツコツとやりたいことは、最初に時間を確保するようにしました。

活動時間からあらかじめ、控除するようにしたわけです。

そうすることで、投げ出すことなく、やり遂げることができるようになりました。

現在の私にとっての「毎日やること」は、主に下記のとおりです。

〈著者にとっての毎日やること〉

- 読書、勉強（起きてすぐ。6時過ぎまで）
- 少年野球の子供たちと朝練をする（6時15分～）
- 事務所の書類などの整理、掃除など（事務所についてすぐ。15分～30分程度）

このほかにもいくつか、「毎日やること」を決めて、そのための時間を設けています。最初に時間帯まで決めてしまうことで、その時間帯になったら必ず実行することを、習慣にして身につけるのが理想です。

厳密に時間を守ろうとするとキリがないので、少しゆるくていいのですが、「だいたい何時くらいに何をやる」は決めておくといいでしょう。

もちろん、食事時間も「毎日やること」に含まれます。

食事もなるべく同じ時間に取るのがいいと言われていますから、毎日おおよその時間を決めて、その時間に食事をするといいでしょう。

鉄則

09

「他人が関わる時間」も自由にはならない

自分では決められないスケジュールも、やはり別枠で考える

会社員は、自由にならない時間が多い？

前項でお話しした「①毎日やることの時間」とともに、**「②他人が関わる時間」も控除する必要があります。**

たとえば、顧客を訪問する時間や、会食の約束をしている時間ですね。

これらは自分だけの判断で、自由に動かすことができません。最初から別枠でとらえたほうが、時間が管理しやすくなるわけです。

会社員の方は、会社で働いている時間はすべて、「他人が関わる時間」と思ってください。会社の勤務時間が「9時〜17時」の場合、その時間帯をすべて、活動時間から控除することになります。

「そんなに差し引いてしまったら、使える時間がないじゃないか！」

そのように思われるかもしれませんが、これがそうでもありません。いざ会社が終わってしまえば、有効に時間を管理できるのですから。

たとえば、毎日19時に仕事が終わり、20時に帰宅しているとします。すぐに夕食を済ませ、22時が就寝時間です。

こうした生活をしていても、毎朝4時に起きていれば、家を出るまでの数時間、有効的に時間を管理して使えます。

朝の時間の使い方については後述しますが、やろうと思えば、このように時間を活用することもできるのです。たとえ勤務時間内であっても、昼休みや移動時間などは、自分で時間を管理することも可能です。

残された時間をうまく管理して、有効に使うために、最初から「他人が関わる自由に使えない時間」を控除してください。

「人と会う時間」と「家族と関わる時間」

経営者やフリーランスで活動している方は、時間管理にある程度の自由が効きますから、少し先まで「人と会う時間」を決めてしまいましょう。

私の場合は税理士事務所を経営しており、月に数十社を訪問していますが、約2週間先までスケジュールを決めています。

「7月第3週のスケジュールを、7月第1週のうちに決めておく」といった感覚で、スケジュール管理をしているわけです。

定期的に訪問する会社については、その会社を訪問したとき、次のスケジュールを決めています。「次回のスケジュールは後日連絡します」ではなく、「次回のスケジュールはどうしますか？」と聞いてしまうのです。

こうした工夫をしているため、2週間先までのスケジュールは、ある程度決まっている状態です（もちろん、変更になることもたまにはあります）。

2週間先までスケジュールが決まらなくても、週末に翌週の予定がだいたい決まっていれば、時間管理がしやすいのではないかと思います。

また、「他人が関わる時間」で重要なものとしては、「家族と関わる時間」も挙げられるでしょう。子供がいる方などは、子供の習い事などのスケジュールで、ある程度先まで予定を決められるはずです。

私の場合、次男が週3回塾に行っており、その日は夜に迎えに行き、ちょっと勉強を見ることにしています。

従って、塾の日の夜は予定を入れずに、家族との時間に使うようにしています。これも時間を有効に使う工夫です。

鉄則

10

時間管理と「Todoの管理」をセットに

毎日、「やるべきこと」に振り回されていませんか?

時間に振り回されないためのシンプルなルール

前項までで、あなたの「睡眠時間」と「活動時間」、さらに「控除する時間」が見えてきたと思います。

「活動時間」から「控除する時間」を差し引くことで、あなたの「管理する時間」もわかりました。

ここからは時間管理のノウハウについて述べていくわけですが、その前にもう１つだけ、考えておかなければならないことがあります。

それは**「Ｔｏｄｏ（やるべきこと）」の管理方法**です。

仕事をしている限り、または社会の中で人と接している限り、Ｔｏｄｏは必ず発生します。しかも、Ｔｏｄｏには締め切りや提出期限など、期限が設けられている場合が一般的です。

これらをどうやって、管理していけばいいのでしょうか？

私もＴｏｄｏの管理には、試行錯誤を重ねてきました。期限までに終わらないまま、時間が過ぎていった経験も数多くありました。

その結果として、「今日もできなかった」という風になってしまい、そのことに大きなストレスを抱えていたものです。

しかし、ある方法をやりだしてから、そのストレスがかなり軽減されました。

その方法とは**「Ｔｏｄｏと時間の同時管理」**です。

「やるべきことにかかる時間」にまで目を向ける

この「Ｔｏｄｏと時間の同時管理」は、よりわかりやすい言い方をすると、次のように表現できます。

- **Ｔｏｄｏと時間の同時管理……Ｔｏｄｏを実現するための累積時間を計算して、管理していく**

先ほども述べたように、「活動時間」から「控除する時間」を差し引いたものが、あなたの毎日の「管理する時間」です。

この「管理する時間」の中で、Ｔｏｄｏを終わらせていきます。**Ｔｏｄｏにかかる**

時間の累積を、「管理する時間」より少なくするわけです。そのためには、「やるべきことは何か？」だけではなく、「やるべきことにかかる時間はどれくらいか？」といった視点も持ってください。

もし「やるべきことにかかる時間の合計」が、その日の「管理する時間」を超えたら、Ｔｏｄｏを削っていきます。Ｔｏｄｏの累計時間が、必ず「管理する時間」に収まるように調整するわけです。

時間管理でストレスを感じることが多いのは、「管理する時間（≒自由に使える時間）」が少ないにもかかわらず、Ｔｏｄｏがたくさんある場合です。

このような場合は、すべてを実行する必要はありません。Ｔｏｄｏを絞り込み、やれる範囲でやることが重要です。

その結果として、やれないＴｏｄｏがあっても、それは仕方がありません。

重要度の低いものは、やる必要がないのですから。

この判断をするためには、「Ｔｏｄｏの優先順位」も重要となります。優先順位のつけ方については、のちほど詳しくお話しします。

鉄則

11

「予定通りには進まない」という前提で

時間が空いているからといって、詰め込みすぎると後悔する

1分で返信できるメールは、1分で返信できない？

前項で「Ｔｏｄｏと時間の同時管理」について書きましたが、その実現を大きく左右する重要なコツがあります。

そのコツとは、**「余裕を持って見積もる」**です。

時間が空いているからといって、Ｔｏｄｏを詰め込みすぎると失敗します。

それよりも、「これくらいの時間でできそうだけれど、少し余裕を持って見積もろう」といった発想で、スケジュールを埋めていくのです。

人間はどうしても、自分の能力を過信しがちです。「自分ならこれくらいの時間があれば、これだけのことができる」と思ってしまうのです。

現実は、イメージ通りに進みません。10通のメールを読んで返信しなければならない場面で、「1通につきだいたい1分」「10通なら10分」という見積もりをしたとしても、その通りに終わることは稀だと思います。

あなたも作業にかかる時間を読み間違えて、苦労をした経験はありませんか？

単純にメールを読んで、それに返信していくだけであれば、確かに「1通につきだいたい1分」で終わることもあるかもしれません。

ですが、メールを読んで、その内容をちゃんと把握し、返信の内容を考え、実際に書いて、書いたものを確認して……とやっていると、10分くらいかかってしまう場合もあるのではないでしょうか。

メールによっては返信するために、ネットや文献で調べたり、添付ファイルを作成したりしないといけないものもあります。

こうしたメールが多くあると、返信するまでの準備に時間がかかってしまい、とても1通1分では終わりません。

このように**作業やスケジュールは、時間通りには進まないものなのです。**

見積もりより早めに終わったら、儲けもの

特に最近は生活の中に、集中力を奪う対象がたくさんあります。たとえば、パソコンやインターネットやスマートフォンですね。

私も「今日中にあの作業を終わらせなければ」とパソコンと向き合ったのに、ネッ

トで動画を見たり、facebookをチェックしたりして、Todoに着手できないことがよくあります。

確かに「これをやる！」と決めて、脇目もふらずに実行できる人なら、タイトなスケジュールでもなんとかなるかもしれません。

ですが、**私も含めてほとんどの人は、作業中に回り道をしがちです。だからこそ、それぞれの時間を多めに考えて、余裕を持たせておきましょう。**

詰め込みすぎないことで、結果として、集中してこなすことができます。

脇目をふらずにタスクに取りかかり、早めに終わってしまったら、それはそれで素晴らしいことです。

空いた時間は、自分の好きなこと、やりたかったことをやればいいのですから。読書や勉強など、自分を向上させる物事に取り組んでもいいでしょう。スケジュールを詰め込みすぎるより、はるかに毎日が充実します。

ストレスを感じないためのポイントは、「少し余裕を持って見積もる」です。

鉄則

12

時間管理の4つのステップ

空いている時間に、どれくらいの予定が詰め込める?

実際に時間管理をしてみよう！

これまでに述べてきたことのくり返しになりますが、「時間管理の進め方」について、改めて確認してみましょう。

〈時間管理の４つのステップ〉

①「睡眠時間」を決める
②「睡眠を取る時間帯」を決める
③「毎日やること」と「それをやる時間帯」を決める
④空いている「管理する時間」にＴｏｄｏを当てはめる

ある会社員の生活を、このステップに当てはめると、次のようになります。まずは3番目のステップまで考えていきましょう。

〈ある会社員の時間管理の例〉

①「睡眠時間」…………1日7時間

②「睡眠の時間帯」……22時〜翌朝5時
③「毎日やること」……読書　5時〜5時30分
散歩　5時30分〜6時
朝食　7時〜7時30分
外出準備　7時30分〜8時
通勤　8時〜9時
会社　9時〜17時
帰宅　17時〜18時
夕食・風呂　18時〜19時

この場合、「6時〜7時の1時間」と「19時〜22時の3時間」には予定が入っていません。この4時間が**「管理する時間」**となります。

この時間にTodoを当てはめるのが、時間管理の最後のステップです。1日4時間もあれば、いろいろなことができるものです。

実際に時間を管理するときは、表計算ソフトの「Microsoft Excel」などでTodoとそれにかかる時間を列挙して、その時間を合計するといいでしょう。**前項でお話し**

したように、「余裕を持って見積もる」を心がけてください。

空いている「管理する時間」を、完全に埋めないこともポイントです。

もし「管理する時間」が４時間だとしたら、４時間分のＴｏｄｏを選ぶのではなく、必ず「フリーの時間」を設けてください。４時間空いていたら１〜２時間、どんなに忙しくても30分は「フリーの時間」にします。

これは文字通り、自由に使っていい時間です。Ｔｏｄｏが予定通りに終わらなければ、その消化に使ってもいいでしょう。ストレス発散や趣味のために使っても、まったく問題はありません。自由な時間なのですから。

このスケジュールを決める作業は、週末がいいと思います。

週末に次の週の予定を決めて、実行に移していく流れです。１週間単位で大枠を決めておくことをオススメします。

日曜日の夕方などに時間が取れる人は、そこで翌週の大まかなスケジュールを決めてしまいましょう。「スッキリして土日を休みたい」「週末に仕事のことなんて考えたくない」という方は、金曜日の夜に決めてもＯＫです。

鉄則

13

「時間管理ツール」を活用しよう！

ペンとメモ帳だけに
こだわらず、いろいろな
ものを試してみる

オールマイティな「Googleカレンダー」

時間を管理するためには、さまざまなツールが活用できます。こうしたツールを使いこなせるかどうかも、あなたの時間管理を大きく左右します。

ツールをうまく活用できれば、より実行しやすくなるでしょう。

時間管理全般に使えるツールとしては、「Googleカレンダー」が挙げられます。

名前からもおわかりのように、Google社が提供しているネット上のツールです。インターネットブラウザから、すぐに利用できます。

２０１２年5月時点での利用法をご紹介しますと、まずはGoogleのサイトを開きます（https://www.google.co.jp/）。

画面上部に「＋You」「検索」「画像」「地図」などという文字が並んでいると思いますが、右側にある「もっと見る」というボタンをクリックすると、リストが表示されます。その中ほどに「カレンダー」とあると思います。

これがGoogleカレンダーです。検索画面に「Googleカレンダー」と入力しても、見つかると思います。

Googleカレンダーを使うためには、ログインが必要です。初めに登録画面が出てくると思いますので、そこで必要な情報を入れてください。

ログインすると、再び画面が切り替わります。下がスケジュール表ですので、あなたがスケジュールを入れたい時間帯をドラッグして選び、出てきた入力画面にスケジュールの内容を登録します。

言葉だとわかりにくいかもしれませんが、ログインすれば感覚的に使えます。

いろいろなツールを試してみよう!

空いている「管理する時間」にToDoを当てはめて、1つずつ確実に実行していくためには、「ToDoリスト」も欠かせません。

私は以前、紙のメモ帳にToDoリストを書いて使っていました。

紙のメモ帳はすぐに見ることができますし、完了したものにチェックマークをつけたり消したりと、「書き込む快感」を味わえます。アナログではありますが、今でもオススメのツールだと思います。

先ほどのGoogleカレンダーにも、使いやすいToDoリストがついています。

紙のメモ帳とGoogleカレンダーだけでも、充分に活用できますが、私は「Ｔｏｄｏリストと時間の要素をくっつけて管理したい」とのニーズが強かったため、「Microsoft Excel」で作成したＴｏｄｏリストも使っています。

Ｔｏｄｏリストの管理には、有料ですが「TaskChute」というツールもあります。検索サイトで検索すれば、すぐに見つかると思います。

最近はスマートフォンやタブレットが普及して、時間管理用のアプリも数多く公開されるようになりました。特に持ち歩く機会の多いスマートフォンは、うまく活用することで、効率的な時間管理ができます。

時間管理ツールやアプリは、ここでは紹介しきれないくらい、いろいろなものが公開されています。その中には、あなたにピッタリのものもあるでしょう。

いろいろなものを試してみて、時間管理を効率化していってください。有名だからといって、あなたに合うとは限りません。使ってみてしっくりこなければ、別のツールやアプリを試してもいいのです。

第２章のまとめ

- 時間管理は「現状分析」より先に「目標設定」から手をつける
- 現状分析の第一歩は、時間の使い方の「記録」と「集計」
- 「尊敬する人」や「目標とする人」と比較して、目標を決める
- １日の「活動時間」を考えるときは、「睡眠時間」を軸に
- 「毎日やることの時間」は、最初から「控除」する
- 「他人が関わる時間」も、差し引いて考える
- 「Ｔｏｄｏ（やるべきこと）」と時間管理はセットで
- 予定通りに管理できなかったからといって、焦らない

第3章

時間は増やせなくても、「使える時間」は増やせる！

鉄則

14

「時間食い虫」を見つけたら、すぐに退治

ムダなことをする時間が、悪いわけではないけれど

放っておくと増えていく「時間食い虫」

すでにお話ししたように、時間は増やすことができません。それがお金との大きな違いであり、時間がたいへん貴重な理由です。

ですが、**「1日24時間」「1年365日」は変わらなくても、あなたの「使える時間」を増やすことはできます。**

この魔法のような方法について、本章ではお話ししていきます。

あなたの「使える時間」を増やす第一歩は、生活に潜む「時間食い虫」を減らすことです。

「時間食い虫」とは、あなたの生活や仕事の中で、放っておくとどんどん時間が経ってしまうような事柄を指します。

〈時間食い虫の例〉

- 意味なくテレビをボーッと見る時間
- 目的のないネットサーフィン

・友人や知人とムダに話す時間
・何もせずに行列に並んでいる時間

こうした時間の中にも、価値ある時間はあります。たとえば、「友人や知人とムダに話す時間」などは、生きていくうえで大切な時間です。

気持ちを紛らわせるためには、「意味なくテレビをボーッと見る時間」や「目的のないネットサーフィン」も大切と思います。

しかし、こうした行為には「意識しないで時間が経ってしまう」という特徴があります。そうした時間を避けてほしいのです。

暮らしに潜んだ「時間食い虫」を数えてみよう

人生ではときに、「ムダなことを意識してやる」も必要です。しかし、**「ムダなことを無意識にやって、知らないうちに時間が経ってしまう」は恐ろしいことです。貴重な時間を「浪費」し続けているのですから。**

こうした時間の使い方は、生活にたくさん潜んでいます。何も意識せずに過ごしていると、必ず「時間食い虫」が発生するのです。

時間食い虫を減らすことと、「使える時間」を増やすことはイコールです。

一度、そうした時間を過ごしていないか、起きてから寝るまで、意識して過ごしてみてください。

そして、ムダな時間を発見したら、メモ帳に記録していきます。

時間食い虫は必ず発生しています。そこから目をそらさずに、どのようなムダがあるのか、ちゃんと自覚することから始めてみましょう。

私は時間食い虫を減らすために、行列に並ばないようにしています。

25日や月末に銀行に行かないで済むようにするとか、昼食の時間をずらして13時以降にするなどの工夫ですね。混んでいる時間帯を避けることで、行列の待ち時間を減らして、ほかのことに使っているわけです。

あなたもそうした工夫をしてみてください。どうしても行列に並ばなければいけないときも、友人と一緒に並んで有意義な話をするとか、本を読むとか、携帯を使ってメールをチェックするとか、同時にやれることがあるはずです。

このような考え方をすることが、時間を増やすことにつながります。

鉄則

15

何事も「終わりの時間」をキッチリ決める

残業が多い職場には、
多くなるだけの理由が
あった？

残業つづきなのに、のんびりとした職場

時間を増やすために有効にもかかわらず、多くの人が実行していない方法に、「終わりの時間をキッチリ決める」があります。

どうして終わりの時間を決めることで、使える時間を増やせるのでしょうか？

私は大学卒業後、電機関係の会社に就職しました。初めは技術系の職場に配属されたのですが、そこでは残業が日常的に行われていました。男性社員のほとんどの人が、終業時刻になっても帰らないのです。20時以降になってようやく、少しずつ帰っていくといった状態ですね。帰宅が午前0時を越えたり、徹夜をしたりする人も珍しくありませんでした。このような職場は、今でもたくさんあると思います。

私は本来、残業が大嫌いでした。それが職場の空気に流されてしまったのか、気がつけば残業ばかりの毎日を過ごしていました。

当時を振り返って思い出すのは、職場のゆる〜い空気です。

「ゆっくりやればいい。時間はたっぷりあるんだから」

そうした意識が、オフィスに蔓延していた気がします。みんながあちこちで談笑しながら、ゆったりとしたペースで仕事をしていたものです。

なにせ残業が前提ですから、焦る必要がありません。残業時間にずっと、インターネットを見ている人もいました。

残業が多くなる職場には、多くなるだけの理由があるわけです。

無意味な残業も「時間食い虫」の1匹

独立して仕事をするようになった今も、「ゆっくりやればいい。時間はたっぷりあるんだから」といった考えに陥《おちい》ることがあります。

私は税理士ですから、確定申告のある2月～3月は繁忙期です。最初から残業を前提で考えてしまい、集中力が途切れることがあるのです。

気づいたらネットで動画を見るなどして、肝心の仕事が進まないことが珍しくありません。日付が変わってから帰路につくものの、「俺は何をやっていたんだ!」と自分を責めることもしばしばです。

このような時間の使い方は、前項でお話しした「時間食い虫」にほかなりません。

時間食い虫は、早めに退治するべきです。

ダラダラと仕事をしてしまうのは、「時間はたっぷりあるんだから」という意識が、頭のどこかにあるからです。

忙しいときであっても、「絶対に20時までに終わらせて帰る！」「20時までに帰れなかったら自分にペナルティ！」などと決めてしまいましょう。

そうすれば、「終わらせるために何を工夫すればいいのか？」「いつまでにどこまで終わらせればいいのか？」といった意識が生まれます。

ある日の私のように、ネットで動画を見ている時間などありません。

これまで生きてきた中での慣習なのか、罪悪感なのかよくわかりませんが、「遅くまで仕事をするのが偉い」「残業をしない人は手を抜いている」といった考えを持っている人は多いものです。

それを頭の中から消し去って、**早く帰ることを意識し、終わりの時間を決めてみましょう。そこから生活が変わっていきます。**

鉄則

16

「年収」よりも「時給」にこだわろう！

「1時間当たり」に得られるものを増やすという発想

稼いでいるかは、年収だけではわからない？

時間を増やす方法としては、「1時間当たりに得られるものを増やす」も挙げられます。「時給を上げる」と言い換えてもいいでしょう。

時給を計算するためには、まず「1週間当たりの給料（週給）」を計算してみましょう。年収500万円の人の場合、次の式から出てきます。1年間は厳密には52週ですが、お盆と正月を引くと50週です。

500万円÷50週＝10万円（1週間当たりの給料）

月曜から金曜日まで5日間働いて、規定の就業時間が8時間なら「毎週5日間×8時間＝40時間」働いている計算になります。

週の労働時間で「1週間当たりの給料」を割れば、今度は時給が出てきます。

10万円÷40時間＝2500円（毎日8時間勤務の場合の時給）

ただし、「年収500万円の人の時給は2500円」と、単純に決められるものではありません。残業の時間もありますからね。

会社によっては毎日2時間、サービス残業をさせられているかもしれません。この場合、毎週の労働時間は「5日間×10時間＝50時間」となり、時給の計算も結果も変わってきます。

10万円÷50時間＝2000円（毎日8時間勤務＋残業2時間の場合の時給）

時給を上げるための4つのポイント

年収500万円でも、毎日サービス残業4時間の12時間労働で、土日も7時間ほど休日出勤をしていたら、時給は約1500円です。この1500円という時給は、定時で帰宅する年収300万円の人とほぼ同額です。

あなたも自分の収入を、年収ではなく時給で考えてみてください。時給に換算してみると、年収とは違ったものが見えてきませんか？

時給を上げるためのポイントとしては、次のものが考えられるでしょう。なかなかうまくいきませんが、私も実践していることです。

〈時給を上げるための4つのポイント〉

①仕事の終わりの時間を決めて、その時間が来たらスパッとやめる
②仕事中はネットやテレビなどを断って集中する
③マニュアルやチェックリストなどを作り、悩む時間を減らす
④同時に複数のことをやる

前項で書いた内容とも重複しますが、私が一番重要視しているのは、**「①仕事の終わりの時間を決めて、その時間が来たらスパッとやめる」**です。

周りに流されず、「私はこの時間しか仕事をしない」と決めてしまい、それを実行することによって、時給を上げることが可能になります。

そうして制限時間内に終わらせるために、**「②仕事中はネットやテレビなどを断って集中する」**を実践します。時給に目を向けることで、「時間をムダにしてはいけない！」といった意識が生まれてくるものです。

鉄則

17

初めは「仕事の効率化」に時間を割く

時給を上げるためには、「働く環境」も整備しよう！

急がば回れ。何事も準備は大切

前項の「時給を上げる（＝1時間当たりに得られるものを増やす）」を実践するには、「①仕事の終わりの時間を決めて、その時間が来たらスパッとやめる」が最大のポイントでした。

そのためには、**「仕事の効率化」**が欠かせません。仕事を効率的に進めないと、時間までに終わらせることができませんからね。

仕事の効率化のノウハウは、数多くの本で紹介されていますし、雑誌でも特集が組まれています。

細かなテクニックについては、それらを参考にしてください。ここでは考え方の概要や、大まかなコツについて述べていきます。

仕事を効率化するには、「初めに苦労して仕組みを作る」ことが重要です。

最初に苦労して、あとから楽をするわけです。

ここでの「仕組み」とは、仕事を効率的に進めるための周りの環境や、あなたが置かれた状態と言い換えてもいいかもしれません。

仕事を効率化するコツはいくつかありますが、たとえば、身の回りから「紙」を極力減らします。仕事をしていると、紙はどんどんと増殖していきますからね。

プリントアウトした紙はもちろん、不要なダイレクトメールもありますし、FAXだって送られてきます。

そこで「どんどん捨てる」「FAXを含めて、印刷をなるべくしない」「スキャンして電子データにする」といったことを心がけて、実践してください。

書籍も思い切って捨てます。あとで必要になれば、また買えばいいのですから。実際には、捨ててから必要になる本そのものが、滅多にありません。

仕事を効率化するには、紙以外にも、仕事をするうえで不要なものは、ためらわず捨てる意識が欠かせません。

私も「捨てられない人間」でしたが、最近はお世話になったものでも「ありがとう」とお礼を言って、捨てられるようになりました。

思い切って捨てられるようになると、それだけで仕事環境が整います。

マニュアルとチェックリストの作成

効率化する仕組みを作るときは、「③マニュアルやチェックリストなどを作り、悩む時間を減らす」も意識してください。

マニュアルとは、仕事を進めるための説明書のことです。

仕事のマニュアルを作りたいときは、その仕事を実際に行いながら、手順を記録していくのがいいでしょう。

仕事全体を見て、効率のよい順番を考え、それを記録しておくわけです。

チェックシートは「最終的に仕事を仕上げる際にチェックしておくべき点」をまとめたリストです。

マニュアルと共通する部分もありますから、チェックシートとマニュアルを一体化させることもできるでしょう。

マニュアルやチェックシートは、「Microsoft Excel」などのソフトを使って作成することをオススメします。あとから簡単に修正できます。

鉄則

18

「移動時間」にできることはないですか？

眠っているだけ、携帯電話をいじるだけでは、もったいない！

電車に揺られる時間は毎年20日以上？

時間を増やすためには「④同時に複数のことをやる」も有効でした。そのわかりやすい例が、「移動時間」の使い方です。「移動しながらほかのことができないか？」と考えてみるのです。

首都圏や関西圏をはじめとした大都市圏では、多くの方が通勤に時間をかけています。往復2時間は当たり前で、4時間以上も珍しくないと思います。

仮に通勤が往復2時間だとすると、月曜から金曜の勤務で週10時間、1ヶ月で40時間以上、年間で約500時間を移動に使っていることになります。

500時間と言えば、20日をオーバーしています。あなたは毎年、それだけの時間を、通勤のためだけに費やしていたのです！

この時間を有効に使わず、漫然と電車に揺られているだけでは、「時間をムダにしている」と言われても仕方がありません。

通勤時間などの移動時間は、ちょっとした工夫や心がけ次第で、ある程度の作業ができるのですから。

通勤時間にできることの代表は、やはり読書です。

新聞を読んで情報収集をすることも可能ですし、英会話をマスターするための音声や、何かの教材を聞くこともできるでしょう。スマートフォンを活用して勉強したり、情報を集める手段もあります。

あなたが車通勤でも、音声などは聞けると思います。

自分の将来のために役立つことを考えて、それをやれる範囲で移動時間にやるかどうかで、将来は変わってきます。

通勤時間が長い人は、短い人より有利？

私は新卒で就職したとき、会社まで3駅くらいの部屋に住んでいました。

通勤時間は短かったのですが、電車が異常に混むため何もできませんでした。毎日、最寄駅に到着するまで、ボーッと過ごしていたものです。

結婚して、家を購入するときになって、「会社に近いほうがいいか？　遠くても大丈夫か？」と考えました。

そうして悩んだ結果、会社から電車で1時間ほどの場所に引っ越しました。

引っ越した先は始発駅で、朝早めなら確実に座れました。当時は税理士試験の勉強をしていましたから、座って勉強できるありがたい環境でした。

引っ越し前より通勤時間は延びましたが、有効活用はしやすくなったのです。

現在は自宅から徒歩20分のところに事務所があるため、徒歩通勤ですが、ほとんど毎日、歩きながら音声教材を聞いています。

先に述べたように、通勤時間は膨大な時間になります。

その時間に何をするかは、すべてあなたの工夫と心がけ次第です。

目的なく携帯をいじっているとか、何も考えずボーッとしているのは避けて、何か意味のあることを移動時間に行いましょう。

前述のように勉強に使えますし、「家で睡眠時間を削ってまで勉強するので、その分を電車で寝る」でもOKです。一見ボーッとしていても、「電車で今後のことを考える」といった使い方もできると思います。

移動時間は毎日あるものですから、改善の効果も大きなものです。何かをコツコツ続けることで、確実に成果につながります。

鉄則

19

毎日の時間を「ほぼ2倍」で使う裏技

「通勤時間」以外も、使い方を工夫してみよう！

「食事時間」に、食事以外のこともする

前項で述べた「移動時間」以外にも、生活に必要な時間に並行して何かをやることで、使える時間を増やしていくことが可能です。

たとえば食事時間ですが、私は1人で食事をするときは、だいたい何か書籍を読みながら食べています。

「何かを読みながら食べるのは失礼に当たる」と言われることもありますが、1人でボーッと食べているのも、読みながら食べているのも、別に変わらないのではないかという考えからです。

もちろん、家族や友人などと食事をするときは、何かを読みながらということはありません。テレビも消して、会話を楽しみます。

食事時間以外でも、意外と何かを並行してできる時間は多いものです。

代表的な例としては「トイレ」ですね。トイレは本を読むのに適しています。トイレに本棚を置いている方もたくさんいると思います。

読書は「お風呂に入っているとき」や「歯を磨いているとき」にも可能です。

私はお風呂があまり好きでないので、サッと入ってサッと出てしまいますが、「お風呂につかりながら本を読むのが大好き」「必ずお風呂に本を持って入り、30分ほど読む」という人たちもいます。お風呂のフタを半分閉めて、その上にバスタオルを敷いて本を置き、読んでいるそうです。

あらゆる場所に本を置いて、気が向いたら手を伸ばすという方もいます。これは本棚をいくつか用意すれば、すぐに実践できることです。

すでに廊下に棚などがあるのなら、ブックスタンドを買ってくるだけでも、本棚代わりにして書籍を並べられます。

「並行して何かをできる時間」を探してみる

最近は本の代わりに、iPadなどのタブレットを持ち歩き、家中でニュースサイトを見たり、電子書籍を読んだりしている人もいます。

スマートフォンやタブレットが、「単なる暇つぶしの道具」になっている人もいるでしょうが、使い方次第で時間管理にも活用できるわけです。

書籍であれタブレットであれ、普段は持ち歩かない場所に持ち歩くだけで、時間を有効に活用することができるでしょう。

現実的には難しいかもしれませんが、「何かをやっているときに、必ず並行して何かを行う」が実践できれば、使える時間が2倍になります。

たとえば、ランニングをしながら、将来のことを考えてみる。
お風呂掃除をしながら、ストレッチを行う。
会議の議事録を取る際に、タイピングの練習を行う。

何かに集中することも大切ですので、あまり無理をする必要はありませんが、少しの工夫で時間を生み出すことができるわけです。

時間がないと嘆いているだけでは、何も始まりません。
初めは毎日10分ずつでもいいので、「並行して何かをできる時間」を探して、読書なり勉強なり、好きなことの研究なりを試してみてください。

並行してやれることは、意外とあるものです。
常識にとらわれることなく、トライしてみてください！

第3章のまとめ

- 「時間食い虫」をなくせば、使える時間が大幅に増える
- 何事も取り組む前に、「終わりの時間」を明確にしておく
- 収入を「時給」で考えてみると、時間をムダにしない
- 月給や年収が同じ人でも、時給まで同じとは限らない
- 「時給を上げるための4つのポイント」を意識する
- 最初は時間をかけてでも、「仕事の効率化」を実践してみる
- 「移動時間」にできることがないか、常に考える
- 「食事」や「トイレ」の時間も、有効的に活用してみる

第4章
「朝の時間の使い方」で、１日が変わる！

鉄則

20

「朝の時間を使う本当のメリット」を知る

早起きする理由は、

「時間が多く使える」

だけじゃない！

「朝の脳」と「夜の脳」はまったくの別物？

本章でも時間を増やして、有効に使う考え方をお話ししていきます。特に「朝の時間の使い方」に目を向けたいと思います。

朝が苦手な方も多いかと思いますが、朝の時間をうまく使えば、今までの2倍にも3倍にも、1日を有効に使えるものです。

朝の時間を使うメリットは、大きく次の2点に集約されます。

〈朝の時間を使うメリット〉

①物事を進める能率が上がる
②締め切り効果で集中し、多くのことをこなせる

これらのメリットを知っていると、出勤ギリギリまで寝ているのが、もったいないと思えてきます。それくらい、朝は使い勝手がいいのです。

まず「①物事を進める能率が上がる」についてですが、これは「朝の脳」と「夜の脳」とを比べていただくと、わかりやすいかと思います。

人間は朝から晩まで、いろいろなことを考え、さまざまな判断をします。そうして活動するうちに、脳は休息を欲します。それが睡眠です。

睡眠によって回復するおかげで、「朝の脳」は能率的に働きます。

始業時間があるから、がんばれる!

パソコンをずっと使っていくと、ハードディスクに記憶されている情報が細切れになって、スピードが遅くなってきます。これを解消する作業を、「ハードディスクの最適化(デフラグ)」と言います。

人間の脳はこの最適化を、寝ている間に自動で行っているそうです。ですから、目覚めると気分がよくなり、頭もさえているのです。

夜寝る前に「明日はレポートをまとめる!」などと書くと、目が覚めてからスイスイと実行できます。これも就寝前にインプットしたことが、寝ている間に整理される効果です。

翌日にやりたいことがあったら、就寝前に予習や準備をしておくと、目覚めてから一気に取りかかれます。結果、能率が上がるのです。

もう1つの「②締め切り効果で集中し、多くのことをこなせる」についてですが、これも朝ならではの効果と言えるでしょう。

仕事をこなすために「就業後に4時間残業する場合」と、「いつもより早く出社して、始業前に2時間働く場合」を比べてみてください。

私の感覚では、この2つの仕事内容は、ほぼ同等だと思います。場合によっては後者のほうが、多くの仕事をこなしているかもしれません。

朝の仕事や勉強は、終わりの時間がハッキリしています。始業時刻には、絶対に終わらせないといけませんからね。

自然と「仕事の効率化」も考えますし、集中して取り組みます。家で勉強をしているときも、出社時間を意識してペースアップするでしょう。

70ページ（鉄則15）でお話ししたように、終了時間が決まっていないとダラダラとした仕事になりがちです。

朝は終了時間が明確であるからこそ、集中して作業に取りかかり、作業効率がアップします。

鉄則

21

「早寝」と「早起き」を実現するテクニック

早起きが苦手な人でも、
早起きになれる方法が
あった?

早寝と早起きを実現するポイントとは……

「朝の時間を使うのがいいことはよくわかった。自分も朝の時間帯を活用してみたい。でも、朝早く起きられない……」

ひょっとしたらあなたは、そのようなジレンマを感じているかもしれません。

実は早起きを実現するためには、シンプルかつ効果的なコツがあります。たった1つのことを守るだけで、驚くほどあっさりと早起きできます。

そのコツとは……早く寝ることです！

肩すかしを食らったとお考えかもしれませんが、これは絶対の真理です。

別の言い方をすれば、あなたが早起きを習慣にできなかったのは、早く寝る習慣を身につけられなかったからなのです。

早寝を実現するためには、次のようなコツがあります。

〈早寝を実現する方法〉

①楽しいナイトライフを捨てる

②早く起きる
③寝るまでの時間を工夫する
④寝る前に、起きる時間と睡眠できる時間を強く意識する

まずは1回だけでも、早く起きてみよう！

夜は楽しいことがたくさんあります。友人との飲み会、恋人との食事、ゴールデンタイムのテレビ、ネットサーフィンなどなど……。

数え上げるとキリがありませんが、これらをなるべくガマンして、早く布団に入ってしまえば、次の朝は早起きできます。睡眠時間を優先して、**「①楽しいナイトライフを捨てる」**わけですね。

私はテレビとインターネットを、「睡眠の2大敵」と呼んでいます。どちらも意識しなければ、何時間でも続けられるものだからです。

テレビについては、なるべくリアルタイムで見ずに、録画して見る習慣をつけましょう。「絶対に見逃したくない！」と思っていた番組も、録画していつでも見られる環境にあると、見ないでも大丈夫ということも多いものです。

インターネットも「終わりの時間」を決めてください。

飲み会や会食なども、早寝を妨害する要因です。

私は飲み会も会食も意味のあることだと思いますが、だからこそ短い時間に集中して、思いっきり楽しむべきではないでしょうか。

同じメンバーと毎日、日付が変わるまでダラダラ……というのは避けてください。

2番目のポイントである**「②早く起きる」**については、首をひねられたかもしれません。早く寝るためのポイントが、早く起きることというのは、どこか奇妙な気もしますからね。

ですが、誰でも早く起きると、どうしても早く眠くなります。結果、早く寝ることができて、翌日も早起きができるのです。

早起きをすると決めたら、まず初日だけは、ムリにでも早く起きてください。たとえ午前0時に寝たとしても、4時には起きてみます。

そうすると、夜は早めに眠くなり、次の日は自然と早く起きられます。翌日以降は、それをくり返していけばいいだけです。

早寝早起きのサイクルを回すには、どこかで早起きすることが重要なのです。

鉄則

22

寝る前の1時間をリラックスタイムに

早く深く眠ることができれば、自然と早く起きられる

早起きのために「早く寝るための工夫」を

前項で「早寝を実現する方法」のうち、「①楽しいナイトライフを捨てる」と「②早く起きる」について触れましたが、早く寝るための工夫はほかにもあります。その1つが**「③寝るまでの時間を工夫する」**です。

サッカー日本代表の長谷部誠選手も著書の中で、睡眠について触れていました。長谷部選手は寝る前に、リラクゼーション音楽を流したり、お香をたいたり、アロマオイルをつけたりするなどの工夫をしているそうです。

心地よく眠りに入ることで、快適な睡眠を実現しているわけです。

長谷部選手のやっていることをそのままやれ、とは言いませんが、**あなたも自分なりの「安心して、心地よく眠りに入れる方法」を見つけ出して、就寝前の習慣としてみてはいかがでしょうか？**

同じ時間に布団に入っていても、仕事の失敗を忘れられなかったり、「明日も会社か。イヤだなあ」などと思っていたりしたら、スムーズに眠ることができません。体も脳も回復せず、翌日に疲れを引きずります。

そうして疲れを引きずっているから、仕事がはかどらないのです。思い通りに仕事が進まないため、残業せざるを得なくなります。

遅くまで働けば、それだけ心身も疲れます。残業したことによって、家に帰っても憂鬱な気分が続きます。「明日も会社か。イヤだなあ」と、寝付けなくなってしまうこともあるでしょう。睡眠不足のスパイラルです。

この悪循環から抜け出すためには、寝る前の時間に目を向けます。「早く寝るための工夫」をするわけです。

就寝前の30分から1時間は心穏やかに

私の息子2人は、夜9時過ぎに布団に入りますが、このときに必ず本を持っていきます。年齢的にマンガ本が多いですね。

布団の中でそのマンガを読み、気づいたら寝ているわけです。

ほとんど毎日、このルーティンで心地よく寝ています。そのおかげかどうかわかりませんが、病気もほとんどせず、元気に学校に通っています。

寝る前の時間を工夫して、安心して眠りにつけば、その眠りは深いものになります。心身の疲れも取れやすく、快適な目覚めにつながるでしょう。

まずは「睡眠時間」と「睡眠を取る時間帯」を決めてしまい、さらにその30分から1時間前を「穏やかな時間」として確保してください。

それが次の朝の爽やかな目覚め、朝の時間の充実につながり、ひいては人生の充実につながるのであれば、やらない理由がありません。

特にテレビを見たり、ゲームをやったりして、興奮するのは避けること。気持ちが昂っていると、眠りづらくなります。

かく言う私も、睡眠については、不完全な部分があります。うっかりして、夜遅くまで起きていることもありますから。

そうしたときは慌てて晩ご飯を食べて、お風呂などを済ませて、すぐに寝てしまいます。布団に入らず、床の上で寝ていることもしばしばです。

そんな寝方をしてしまうと、翌朝がたいへんです。寝癖はあるし、ちょっとお腹も苦しいし、疲れが溜まって抜けきらないし……。

睡眠前に「穏やかな時間」を確保できれば、こうした状態から抜け出せます！

鉄則

23

寝る前に「何時間眠れるか？」と考える

さらなる工夫で、
さらなる快適な目覚めを

目覚めを意識していると、ピッタリ起きられる！

早起きをするためには、まだ重要なポイントがあります。それが**「④寝る前に、起きる時間と睡眠できる時間を強く意識する」**です。

たとえば、翌日に大切な打ち合わせが控えていて、準備のために朝5時に起きなければならなかったとします。

そんなとき、あなたは夜寝る前に、何をするでしょうか？

このような場面で多くの人は、「目覚まし時計」をセットすると思います。

最近は目覚まし時計も進化して、「起きなければずっと鳴り続ける」といった機能を搭載したタイプもあるそうですが、目覚まし時計ばかりに頼っていると、騒音でムリやり起こされる日々が続きます。

自分の意志で起きたわけではないため、爽やかな目覚めとはなりません。

どうせなら、目覚まし時計に頼るよりも、自分の意志に頼りたいものです。

「明日は5時に起きる！」

そうしたことを眠る前に、自分にインプットするのです。

不思議なもので、眠る前に起きる時間を意識すると、その時間に起きられるものです。

大事な用事があったとき、「絶対に遅れちゃダメだ」と思っていたら、時間通りに起きられるものです。あなたも経験があると思います。

人間には「体内時計」があると言われていますから、その体内時計が働いて、自然に目覚めさせてくれるのでしょう。

だからこそ、「明日は5時に起きる！」などと言い聞かせることは効果大。体内時計を信頼して、活用してみてください。

「今から何時間眠れるか？」とも考えてみる

体内時計を活用するとき、一歩踏み込んだテクニックが、「寝る前に、睡眠できる時間帯を強く意識する」です。

翌朝5時に起きなければならなくて、23時に眠りにつくとしたら、睡眠時間は差し引き6時間です。

こうしたときは就寝前、「明日は5時に起きる」と同時に、「睡眠時間は6時間」と強く意識するわけです。

これにより、さらに正確に起きられます。体調もすぐれていることが多いです。

さらなる応用テクニックが、「寝る前に、起きられなかった場合のペナルティまで意識する」です。

「明日、時間通りに起きられなかったら、1週間禁酒する！」

そうしたペナルティを自分で勝手に決めて、起床時間や睡眠の時間帯と一緒に、寝る前に意識するわけです。

どうしても大事な用事があり、明日早起きしなければ大変なことになる……などという状況のときに、活用してみてはいかがでしょうか。

ここでご紹介したものは、私が使っているテクニックですが、ほかにも早起きの方法はあると思います。「眠るときにカーテンを開けて、朝日が必ず部屋に入るようにしておく」などもいい早起き法ですね。

そうした試行錯誤をするだけの価値が、早寝早起きにはあるのです。

鉄則

24

二度寝は厳禁！
それよりは
昼寝を！

どちらも気持ちいい
けれど、得られるものは
正反対？

長く眠っているのに、頭がボーッとするのは……

私が早起きの話をするときに、格言のようにくり返しているコツがあります。それは「二度寝より、昼寝」です。

ここで言う「二度寝」とは、朝せっかく早く起きたのに、「まだ早いから、もう少し寝よう」と、再び寝てしまうことです。

二度寝をしてしまうと、必ずと言っていいほど、最初に起きようと思っていた時刻よりも遅くまで寝てしまいます。

長く眠っていたにもかかわらず、目覚めもあまりよくないことが多いようです。

二度寝がスッキリしない理由は、前項で出てきた「④寝る前に、起きる時間と睡眠できる時間を強く意識する」で説明できます。

思わず早く起きてしまったときには、ちょっと寝ぼけているような状態です。次に起きる時刻と睡眠時間を計算したり、意識したりすることができません。ボーッとした状態のまま、再び眠りについてしまうわけです。

二度寝というのは、「起きる時間も睡眠できる時間も、まったく意識していない眠り方」ということです。結果、なんとなくテレビを見続けるように、なんとなく眠り続けてしまいます。

起床時間を意識していないから、体の疲れも取れないのでしょう。

15分の昼寝で、1日がスッキリ！

二度寝をしてしまうくらいなら、無理やりにでも起き上がって、1日をスタートすることをオススメします。

朝4時に起きようと思っていて、目覚めたら朝2時だったとしても、起き上がってしまってください。

ここで「あとで眠くなるかも……」などという恐怖心を感じて、もう一眠りしようとしてはいけません。どうせしばらくの間は、布団の中でウダウダしていますから。スムーズには寝付けず、体内時計は大きく狂います。

だからこそ、早めに起きてしまったら、「いつもより多く時間を使える！　ラッキー！」と、活動を始めてしまいましょう。

もちろん、睡眠時間が短かった分、日中に睡魔が襲ってくる可能性が高いです。そんなときに「昼寝」をするわけです。

昼寝は二度寝と異なり、うまく活用すれば、時間を効果的に使えます。

私が昼寝の重要性と効果を実感したのは、大学受験のときです。

高校3年生の夏休みに本格的に受験勉強を始めたのですが、いつも夕方前になると眠くなるので、「15分」と決めて昼寝をしていました。

この昼寝がとても効果的で、その後の勉強が本当にはかどったのです。

社会人になっても独立してからも、ほとんど毎日、昼寝をするようにしています。

電車で寝るときもあれば、机に突っ伏して寝ることもあります。部屋を暗くして椅子に座って寝ることもあります。

昼寝の重要性を熟知しているためか、いろいろなシチュエーションで、昼寝ができるようになりました。

私の場合、昼寝をする時間は15分と決めています。昼寝の前に「14時15分までの15分間、昼寝するぞ」と意識してから寝るわけです。

たった15分の睡眠でも、確実に頭がスッキリとします。

鉄則

25

「朝、毎日やること」を決めて、実行する

やることが決まっているから、早起きして時間を活用できる！

朝を「毎日やることの時間」と考える

鉄則8（40ページ）で、1日の活動時間から「毎日やることの時間」を控除して、スケジュールを決めるというお話をしました。

この**「毎日やることの時間」として、朝の時間帯は最適です。**

あなたにとっての「毎日やること」には、将来につながることも多いと思います。

これらは「将来、価値を生み出すこと」と言い換えてもいいかもしれません。たとえば、勉強や読書です。広い意味ではブログを書くことなども、「将来、価値を生み出すこと」に含まれると思います。

こうした**「将来、価値を生み出すこと」は、朝の早い時間にやるべきです。**

頭の冴えている時間帯に集中して取り組み、インプットとアウトプットのクオリティを高めることで、あなたの将来をより一層輝かせます。

これが仕事が終わり、疲れ果てて帰宅してからでは、不充分なものしかできません。将来にもつながりにくくなるでしょう。

さすがに食事だけは、早すぎる時間帯に食べると、出社してからエネルギーが尽きてしまうため、もう少し遅めのほうがいいと思います。ですが、その他の大部分のことは、朝の早い時間帯に終わらせてしまいましょう。

「朝のＴｏｄｏリスト」を作ってしまう

朝5時に起きるとして、6時から出社の準備に取りかかるなら、その1時間にできることを考えてみてください。「朝のＴｏｄｏリスト」を作るわけです。

すべてのＴｏｄｏを実践できたのか、毎日チェックしていきます。

これは通常のＴｏｄｏリストと同じように、「Microsoft Excel」などで表を作って、わかりやすく管理するといいでしょう。

リストに加える「朝のＴｏｄｏ」は何個でも大丈夫ですが、あまりに多すぎると、時間内に実行できない危険が高まります。

1時間であれば、「10分でできることを6個くらい」がいいと思います。

もちろん、「1時間かけて1つのことを必ずやる」という選択肢もあります。実現可能な範囲で、将来につながることを考えてください。

たとえば、英単語を覚える。

トレーニングをする。

ブログを書いて、公開する。

（将来本にする）原稿を書く。

お金の管理、などなど。


こうしたことを毎朝、淡々と実行できれば、やがて大きな成果につながります。

私の場合は、朝起きてからすぐにトイレに行き、顔を洗い、水を1杯飲んだら、机に座って読書を行います。

それから読書を20分ほどして、通っている講座で出されている課題の勉強をします。課題も本を読むことが多いですね。

ブログなどの記事や新刊の原稿は、昼や夜に書く機会も多いですが、できるだけ朝に取り組むようにしています。

そのほかに、子供との野球練習と犬の散歩も日課です。これらは気分転換であると同時に、「健康維持」という意味で将来とつながっています。

鉄則

26

もっと自由に、時間の使い方を考えよう！

常識に縛られることなく、毎日を効率的に過ごしてみる

「新しい仕事時間のスタイル」の提案

私は常々、朝の時間を有効に活用しようと思い、将来につながることを決めて実行しています。

そうして試行錯誤をくり返すうちに、**「従来の考え方にとらわれず、もっと大胆に工夫をしてもいいのではないか」**と思うようになりました。

会社に勤めている方は、勤務時間が決まっていると思います。

多いパターンは、「朝8時半から夕方5時半までが仕事」「休憩1時間として、労働時間は8時間」といったものだと思います。

このスケジュールを大幅に変えることができれば、人生がとても豊かになるのではないか、と私は考えたわけです。

私が推奨するのは、たとえば下記のような感じです。

朝5時に出社し、すぐに業務を開始。

13時までは、業務に集中。

13時から食事。
14時からは将来のための仕事。
定時の17時30分になったら退社して、あとは自由な時間。

実現が難しい場合は、あくまでも一例として参考にしていただき、近い形でやっていただければいいかと思います。

私が言いたいのは、「同じ時間働くのであれば、朝の効率がいい時間帯に集中してやってしまい、午後はのびのびと仕事をしよう」ということです。

時間をうまくずらせば、さらに効率がアップ！

本当なら、将来につながる仕事は朝やったほうがいいのですが、職場では周囲の視線が無視できません。自分の将来につながる仕事ばかりを優先していると、「会社の仕事を後回しにして」と言われかねません。

実際に言われなくても、そのように言われかねないと思うと、気分的に集中しづらいものです。「午前中でやるべきことはやった！」という精神的なアドバンテージを得るためにも、早い時間帯に本来の業務を終えます。

このスケジュールでは、「13時から食事」というのもミソです。

ランチタイムを後ろにずらすことになるため、お店で待たされる時間を減らせます。銀行でお金を降ろすときも、12時台ほどは混んでいないでしょう。

さらに、「おなかが空いた状態で仕事をするほうが、昼食後の眠い状態で仕事をするより能率が上がる」という、人間の習性も利用しています。昼食を後ろにずらすことで、午前中の時間を長く使えるわけです。

自分だけの判断で昼食時間をずらせない人は、可能であれば会社にかけ合ってでも、遅めの昼食が取れるようにしてみてください。

こうして時間を効率的に使い、やるべき業務をすべて終えてしまえば、あとは自由な時間と考えてもいいのではないでしょうか。

自由だからといって帰るわけにはいかないでしょうが、仕事にプラスになることでしたら、何に取りかかってもいいと思います。

あなたも自由な発想で、時間の使い方を工夫してみましょう。

第４章のまとめ

- 早起きを習慣にすることで、１日の時間を多く使える
- さらに、「締め切り効果」で作業効率をアップできる
- 生活サイクルに「早寝を実現する４つの方法」を取り入れる
- 初日ムリをしてでも早起きすると、次の日から起きやすい
- 就寝前の30分～１時間は、心を穏やかに過ごせる工夫を
- 眠る前に「起きる時間」と「睡眠できる時間」を意識
- 二度寝は１日をムダにするだけ！　眠ければ昼寝を！
- 「朝、毎日やること」を決めてしまい、出社前に実行する

第5章
「無意味な休日」をなくすための秘訣

鉄則

27

休みだからと、遅くまで寝ていない！

休日に寝ているだけでは、
1週間をムダにする！

休日にどんな過ごし方をしていますか？

第4章では「朝の時間の使い方」のポイントを述べましたが、この章では**「休日の時間の使い方」にこだわっていきたいと思います。**

私は友人や知人に、「休日にどんな過ごし方をしていますか？」と聞いて回った時期があります。

このとき、多く返ってきたのが、次のような答えでした。

〈ありがちな休日の過ごし方〉

- 午前中は寝ている。午後はゆっくりテレビを見たり、本を読んだりする
- 1日中、家事をしている。終わったら買い物をする
- 土曜日は、スポーツなど趣味の活動をする
- 日曜日は、翌週の仕事に備えてゆっくり休む

こうした時間の使い方も、もちろん悪くありません。平日の仕事が激務であればあるほど、休日に疲れを癒さなければならないでしょうから。

しかし、この本を読んでくださっているビジネスパーソンであれば、一歩進んだ休日の活用法を考えてみたいものです。

家事と並行して、何かにチャレンジ！

最初の回答に「午前中は寝ている」といったものがありましたが、休日に遅くまで寝ている人は、かなり多いのではないかと思います。

なにせ金曜日の夜の時点で、「明日は会社に行かなくていい！」といった気分になりますからね。「金曜日の夜は必ず飲みに行く」「深夜まで自分の好きなことをしている」といった人もたくさんいるでしょう。

ですが、金曜日に夜更かしをした場合、土曜日の活動時間が後ろにズレます。土曜日の夜も眠れなくなり、日曜日の起床時間も遅くなりがちです。

曜日ごとに就寝時刻や起床時刻を変えると、生活リズムが不安定になるため、平日も頭がスッキリしづらくなります。週が明けてから、「なんだかダルくて仕事が進まないなあ……」といったことになりやすいのです。

月曜日からスタートダッシュを決めるためには、土日も平日と同じように、早寝早

起きを心がけるほうがいいでしょう。

早く起きれば、1日を有効に使えます。途中で眠くなったら、昼寝で頭をスッキリさせればいいのです。「二度寝より、昼寝」ですね。

また、休日に「1日中、家事をしている」といった人もよく見かけますが、これも休日の過ごし方としては、少なからず疑問があります。

確かに平日の洗濯物が溜まっているでしょうが、洗濯機が回っている間、テレビを見ながらボーッと待っているだけでは、時間を有効活用しているとは言えません。溜まっていたＴｏｄｏをこなしてもいいのですから。

洗濯をするにしても掃除をするにしても、読書をしながらやるとか、勉強をするとか、工夫する余地はいろいろとあります。家事だけに時間を取られることなく、何かを並行してやっていく姿勢が欠かせません。

週末をただの休息ととらえるか、やりたいことをやれる時間ととらえるかで、その後の人生が変わってくることは間違いないでしょう。

鉄則

28

「年間2000時間」をどのように使うか？

ボーッとしていると、
休日はあっと言う間に
終わるが……

１年間の休日を合計すると、何時間？

それでは「休日の時間の使い方」について、具体的に考えていきましょう。

先ほども書きましたが、**休日は「就寝時刻と起床時刻を平日と変えない」を念頭に置いて過ごしてください。**生活リズムを変えるのはＮＧです。

遅くまで起きていることも、たまにならいいかもしれません。子供時代にご両親から、「大晦日だけは遅くまで起きていてもいい」と言われたかもしれませんが、これも「たまにならいい」といった発想からです。

ですが、金曜日が来るたびに飲みつぶれているようでは、睡眠時間にズレが出てきます。翌週の仕事にまで影響するでしょう。たまになら許されることを、当たり前にくり返すようになったら、時間と人生を浪費するだけです。

あなたの年間休日が１２５日だとすると、１年の休日は次のようになります。

24時間×１２５日＝３０００時間（１年の休日の合計）

睡眠時間などで毎日8時間、年に1000時間を使うと考えても、まだ2000時間が残っています。

この2000時間の活用法は、とても大きなポイントです。

「理想的な休日の使い方」とは？

私がオススメしたいのは、「休日はとにかく好きなことに没頭する」といった過ごし方です。

18ページ（鉄則3）にも書いたように、**「好きなことでも何でも、自分のものにするには、1万時間の勉強が必要」と言われます。休日の年間2000時間を、好きなことに費やしていたら、5年間で自分のものにできるのです。**

休日は平日と比べると、時間的な制約が少なくなります。その利点を生かして、とことん好きなことを研究して実行し、自分のものにする。これこそ、「理想的な休日の使い方」と言えるのではないでしょうか。

星が大好きな人は、休日の昼間は文献などで星の研究をし、夜は星をずっと観察する、といった使い方も考えられます。それを何年も続けていれば、新星とか彗星を発見し、未来に名を残すことができるかもしれません。

あなたが読書好きならば、一日中本を読むのもいいと思います。読書は教養を身につけることができますし、多くの文章に触れることで、自分が書き手になるときの助けにもなってくれます。

実際、いい文章を書けるようになると、人生の選択肢が大幅に広がります。誰にも邪魔されずに本を読み続けることは、ほかに何もしなかったとしても、有意義な休日の過ごし方と言えるでしょう。

あなたの好きなことであれば、何だってかまいません。ぜひ好きなことを、休日にたくさんするようにしてください。

休日に好きなことに没頭できれば、将来そのことから得られるリターンは、ものすごく大きくなるはずです。

少なくとも、ボーッと過ごすだけの休日よりは、はるかに価値があります。

積極的に「好きなことに没頭する時間」を持つことのメリットについては、１５６ページ（鉄則35）でもご紹介します。

鉄則

29

休日に「積極的な引きこもり」になろう！

「休日は出かけないと損」と思っていませんか？

ムリして人と会っても、意味はない

世の中には休日のたびに、どこかに出かける人が少なくありません。「休日は出かけないと損」とか、「人脈を広げるために、たくさんの人と会わないと」などと思っているのでしょう。

現実には、多くの人と会ったところで、あなた自身がムリをしていたら、発見も気づきもありません。せっかくの休日をムダにするだけです。

それならば部屋にこもって、好きなことに取り組むほうがはるかにマシ。「積極的な引きこもり」になるわけです。

読書が好きであれば、休日はひたすら本を読みます。

普段は仕事に追われて、本を読む時間を作るのも大変だと思います。私も移動中や食事中を中心に、細切れ時間に本を読んでいますが、読みたい本があってもなかなか読み進められないものです。

そうした人でも、休日にまとめて読書をすれば、多くの本と触れ合えます。その結果、「読書の質」も変わってくるのではないでしょうか。

読書は「これ」という1冊に出会い、それを何度も読み返して、少しずつ自分のものにしていく姿勢も必要だと思います。

そういった出会いをするためには、まず多くの本を読まないといけません。出会った1冊を、じっくり読み返すための時間も必要です。

そこで、休日に積極的に引きこもって、本と向き合う時間を作るのです。時間を気にしないでいい環境なら、集中して1冊を読み進められます。

読書以外でも、休日にまとまった時間を確保して、好きなことを存分に楽しむことは、多くのプラスを得られるでしょう。

「休日出勤が当たり前」と思ったらダメ！

人によっては、「自分の会社は休日出勤が当たり前」「週末だからといって、好きなことをやる時間は確保できない」と言うかもしれません。

もちろん、人それぞれ事情がありますから、一概には言えませんが、**私は「休日出勤しなくてもなんとかなる」という考え方です。**

仕事の量は、完成のために与えられた時間をすべて満たすまで膨張する――。これは有名な「パーキンソンの法則」です。

わかりやすく言えば、「どれだけスケジュールに余裕があっても、人間はギリギリまで使おうとする」ということです。

最初から「休日出勤が当たり前」「好きなことをやる時間は確保できない」と決めつけていたら、普段からそのつもりで働きます。

本当は平日に終わる仕事でも、休日出勤してこなすことになるのです。

一方、最初から「休日出勤はできない！」と決めてしまえば、仕事を平日で終えようとしますし、実際に終えられるはずです。

どうしても終わらない場合、少しずつ残業して、週末までに片づけてしまえばいいのです。「平日に残業するくらいなら、休日出勤したほうがマシ」といった考え方だと、時間を有効に使うことができなくなります。

休日というまとまった時間は、とても価値があるものです。時間と真剣に向き合えば、その価値に必ず気づきます。

ぜひ休日を充実させて、好きなことに没頭できる環境を作ってください。

鉄則

30

終業後の「夜の時間」をどう使う？

仕事が終わってからの時間に、やるべきことをやる

オーソドックスに、スクールやセミナーに通う

完全に仕事のない休日は、時間の管理がしやすいですし、「好きなことに没頭する時間」も確保しやすくなります。仕事がたくさんある場合は、休日出勤を考えるより、平日の残業でこなしたほうがいいでしょう。

しかし、基本的に週2日の休日に対して、平日は週5日もあります。この5日間の**「夜の時間」を工夫するのも、とても意味があることです。**

特に仕事が終わってから、寝る1時間前までは、「夜のゴールデンタイム」とも言えます。うまく使えば、自分を高められます！

私のオススメは、やはり「スクール」や「セミナー」に通うことです。

夜の時間は休日とは異なり、家で何かに取り組もうとしても、なかなか集中しづらいものです。そこでスクールやセミナーに申し込んで、強制的にスケジュールに組み込んでしまうのです。

取りたい資格があれば、その試験勉強のために、スクールに通ってみましょう。

資格は持っているだけでは価値がなく、使わなければなりませんが、その資格を取

るために勉強することはとても有意義です。

資格試験ほど堅苦しく考えなくても、自分の好きな分野や興味のあることを、学びに出かけてみてもいいと思います。

最近は多くのスクールやセミナーが開かれていて、ニーズに合ったものも見つけやすくなりました。小規模の勉強会や読書会も増えていますから、これらに積極的に参加してみてはいかがでしょうか。

趣味に関するセミナーに参加していると、知識が増えてスキルを習得できるうえ、人脈も広がっていくことでしょう。

好きなことを通じての出会いですから、多くのプラスを与えてくれるはずです。

まっすぐ帰るよりも「寄り道」を

もちろん、スクールやセミナーに通うことだけが、夜の時間の過ごし方とは限りません。1人で勉強してもいいのですから。

休日より時間が制限されるとはいえ、仕事が終わってから本を読むこともできます。映画や観劇に出かけることも、人生にとってのプラスになります。

いずれにしても、できるだけ家に直行せず、「寄り道」をすることです。

勉強や読書は自宅でも取り組めますが、いざ家に帰ってしまうと、なかなか集中できないものです。

カフェでも自習室でもどこでもいいので、「集中できて落ち着ける環境」を見つけて、その中に身を置いてみてください。

私は最寄駅近くに集中できる場所が見つからないため、隣の駅まで足を伸ばしています。百貨店にある喫茶店にいることが多いですね。

百貨店の落ち着いた喫茶店は、集中する時間を作るための穴場です。普通のカフェはお客さんが多すぎますし、ファストフード店は騒がしいこともありますし、イスの座り心地もイマイチです。

結婚している人の場合、家族との触れ合いのために、まっすぐ帰らないといけないかもしれません。そうした場合は、まずは家に帰ってください。

ただし、家族と触れ合いが終わったら、必ず集中できる時間を確保しましょう。自分の時間がゼロだと、時間管理にムリが生じます。

鉄則

31

ネットなどを、ボーッと続けないために

自宅は安らぎの空間だからこそ、過ごし方には注意が必要

自宅には、たくさんの誘惑が待っている！

前項で、仕事が終わっても家に帰らず、「寄り道」をするべきだと書きました。そのほうが、物事に集中できるからです。

なにしろ**プライベートな空間には、さまざまな誘惑が潜んでいます。パソコン、テレビ、ゲーム、携帯電話、スマートフォン、などなど。**

携帯電話やスマートフォンは外でも持ち歩くものですが、本当の意味で「魔力」を発揮するのは、やはり帰宅してからではないでしょうか。

ここで言う魔力とは、「なかなかやめさせてくれない力」のことです。「時間を食い尽くす力」と言ってもいいでしょう。

この魔力にハマったら、なかなか抜け出すことができません。時間がいくらあっても足りなくなります。

仕事が終わって夜帰ってきたときなどは、疲れていることもあり、これらに手を伸ばしてしまいがちになります。

テレビをボーッと見ていると、時間があっと言う間に過ぎていきます。パソコンも知らないうちに、ネットサーフィン状態になっていることが多いです。

私が最近、時間を費やしてしまうのが、インターネットの動画サイトです。ある動画を見ていると、関連性のある動画も紹介されます。そうして紹介された動画も見て、そこで紹介された動画も見て……といった具合に、何時間も見ていることがあるのです。

「とりあえず」「なんとなく」から卒業しよう！

近年、魔力を強めているのは、なんと言ってもスマートフォンです。どんどんと新しいアプリが発表されており、無料のものも数多くあります。ついついインストールしてしまうのです。

スマートフォンは技術的には本当に素晴らしいものですし、社会を変える可能性も秘めたものだと思います。

しかし、自宅で意味なくイジっていると、時間がいくらあっても足りません。ゲームも相変わらず、強烈な魔力を発しています。携帯電話やスマートフォンを手放せない人が、ゲームにハマっているケースが少なくありません。

パソコンにしろスマートフォンにしろ、時間管理で役立つ場面はあります。完全に排除したら、逆効果になる可能性もあります。

時間管理で活用するかどうかと無関係に、ビジネスシーンでも当たり前に使われています。パソコンやスマートフォンを排除したり、食わず嫌いで使うことを避けたりしていたら、世の中から置いて行かれる危険もあります。

そうではなく、**「利用できるところは利用するが、決して溺れない」といった気持ちを持ってほしいのです。**

周囲に目を向けると、「することがないから、とりあえずスマホを見る」「なんとなくパソコンでインターネットをする」といった感じで、特に目的もなく使っている場合が多いのではないかと感じます。

これではせっかくの文明の利器が、ただの暇つぶしの道具、時間喰らいのツールになってしまいます。

これらのツールを見たり、使ったりするのであれば、目的を持って有意義に使うようにしてください。きっと何かが違ってくると思います。

第５章のまとめ

- 「休日の時間の使い方」は、時間管理においてきわめて重要
- 仕事がないからといって、遅くまで寝ていてはダメ
- 睡眠時間を差し引くと、休日は毎年およそ２０００時間
- 明確な目標がなければ、「好きなことに没頭する時間」を作る
- ムリして出かけるより、「積極的な引きこもり」のほうがいい
- 「休日出勤が当たり前」と思っている限り、休日は休めない
- 平日の「夜の時間」は、やることをスケジュールに組み込む
- 集中して取り組むためには、あえて「寄り道」をして外でやる

第6章

時間を「投資」して、人生を豊かに！

鉄則

32

時間を「浪費」してはいませんか？

場当たり的に使っているから、どうしても足りなくなる！

時間はお金と一緒。将来のことまで考える

くり返しになりますが、時間は誰に対しても平等です。この限られた時間をどのように使うかによって、あなたの人生は変わってきます。間違った使い方をくり返していれば、貴重な時間をどんどん失って、やがて後悔するでしょう。**時間管理は「選択」の連続なのです。この選択を間違わないために、意識したい考え方が「時間の投資」です。**

14ページ（鉄則2）で、時間とお金を比較してお話ししました。両者には「貯められるか？　貯められないか？」といった決定的な違いもありましたが、共通点も数多くあったと思います。

お金に不自由しないためには、「お金の投資」という考え方が重要です。将来のリターンが期待できるものに、優先的にお金を使うわけです。そうして財産を増やしていけば、年を取ってからの生活にゆとりができます。

時間についても同じです。将来のリターンが期待できることに、優先的に投資して

いくことで、人生を有意義に過ごせます。

一時的な快楽に費やす時間は、ただの「浪費」に過ぎません。場当たり的な浪費をくり返しているから、時間に追われる毎日が続くのです。

「将来、どのようなプラスがあるのか？」

時間の使い方を考えるときは、この視点を忘れないでください。日頃から将来を意識することで、正しい時間管理ができるようになります。選択に悩む機会も減り、スムーズに物事が決められるでしょう。

「長期投資」と「短期投資」はどちらが大切？

時間投資の典型例が「勉強」です。勉強はあなたの能力を高め、収入や昇進を実現し、将来の選択肢の幅を広げてくれます。

長い目でとらえると、「健康管理」や「ストレス解消のリフレッシュ」も、時間を投資していると言えるでしょう。年を取ってからも健康を維持していれば、長期間の入院のリスクが減り、医療費を減らせます。

何も考えずボーッとすることや、友人と深夜まで飲み歩くことにも、プラスがゼロというわけではありません。前者は気分転換につながりますし、後者は人間関係の維持まで期待できますから。

ですが、そのために費やす時間と、将来のプラスとを比較したら、あまり効率のよい投資とは言えないでしょう。

それならば、勉強や健康管理に投資したほうが、多くのプラスを得られます。「投資効果が高い」と言ってもいいでしょう。

また、**時間を投資するときは、「短期投資」と「長期投資」を分けて考えます。**

時間の短期投資とは、目先の業務を行うことや、今すぐにあげられる利益や売り上げを追うことです。

一方、時間の長期投資とは、時間短縮のシステム構築や、将来における利益や売り上げを追うことです。

あなたがより重視するべきは、時間の長期投資です。

そのように断言できる理由について、次の項目でお話ししていきます。

鉄則

33

「時間の長期投資」で将来を変えよう！

時間の投資は「短期投資」と「長期投資」の2種類

どうして「時間の長期投資」が大切なのか？

前項で、時間の投資は「短期投資」と「長期投資」に分けられること、長期投資がより重要であることをお話ししました。

ここで改めて、それぞれの違いについてまとめておきます。

〈時間投資の2つのタイプ〉

- 時間の短期投資……目先のことに時間を使うこと。たとえば、締め切り間際の仕事や、当面の売り上げアップを目指すこと
- 時間の長期投資……将来のために時間を使うこと。たとえば、将来につながるシステム構築や、資格試験の勉強をすること

会社員であっても独立していても、社会人として働いていると、「提出期限の迫った作業」や「急いでやらなければいけない仕事」をいくつも抱えています。それらを片づけていくために、多くの時間を費やしています。

私たちは意識していないと、時間の短期投資をくり返しているのです。

不思議なもので、目先の仕事だけをこなしていると、さらに仕事が増えていきます。急ぎの仕事がやっと終わったら、その間にほかの仕事が溜まっていて、一息つくヒマもなく取りかかる羽目になった……。

そんなイヤな経験を、あなたもしたことがありませんか？

時間の短期投資をくり返していると、長期投資をする余裕が失われていくのです。

変に焦っていると、何も得られない！

遠い将来まで考えた長期投資に、焦りが伴うことは否めません。なかなか結果が出なければ、「本当に意味があるのだろうか……」などと思うのも当然です。そうした気持ちが、短期投資に目を向けさせます。

ですが、**焦りに支配されていたら、時間の長期投資は実践できません。目先の問題を片づけるためだけに、貴重な時間を使うことになります。**

健康管理の場合、その効果を実感できるのは、何十年も経ってからです。大きな病気をすることなく、長生きをしたときに初めて、「若いうちから、健康のために時間を使ってよかった」と思えるでしょう。

人脈の構築も、その効果がハッキリと現れるまでには、それなりの時間がかかります。目先の結果を求めることなく、人の役に立つことをくり返すから、周囲から信頼を得られるのです。そこで初めて、プラスが返ってきます。

変に焦ることなく、投資し続けることで、大きなリターンがあるのです。

人間は、長期的に考えなければならないことでも、「早く終わらせよう」とする傾向があるように感じます。

わかりやすい例がダイエットですね。本来ならば、長期計画で実践していくべきものなのですが、多くの人が早急に結果を求めています。結果、なかなか体重が減らなかったり、リバウンドに苦しめられたりするのです。

時間の長期投資を行うためには、目先のことだけにこだわってはいけません。

「迷ったら、将来のための時間を優先する」

そうした気持ちで過ごしていれば、時間の長期投資を実践しやすくなります。時間が経てば経つほど、プラスを得られるようになるでしょう。

鉄則

34

「高リターンな投資先」を見つけるコツ

時間の使い方に迷ったときは、どうすればいいのか？

「将来、価値を生み出すもの」を優先

くり返しになりますが、お金と時間はよく似ています。どちらも「浪費」をしていたら、目減りしていく一方です。

お金であれば、「欲しい物があったら買う」「行きたい場所があったら出かける」といった生活をしていたら、必ず不足してきます。

本当に欲しい物、行きたい場所が見つかっても、何もできなくなるわけです。

こうした事態を避けるためには、一時的な欲求を抑えてでも、「将来、価値を生み出すもの」にお金を投資することです。

そうして行われるのが、「株式投資」や「不動産投資」です。投資で財産を増やせれば、将来が安定しますからね。投資先の候補が複数あるときは、「より多くの価値を生み出すもの」が優先されます。

時間はお金よりもシビアです。「1日24時間」「1年365日」と決まっているうえ、お金以上に増やすことが困難ですから。常に将来を視野に入れていないと、使い方の

選択を間違ってしまいます。

正しい選択をするためには、時間についても「将来、価値を生み出すもの」を優先しましょう。短期投資より、長期投資に時間を使うのです。

仕事について言えば、「マニュアルやチェックシートの作成」などは、長期投資に分類されます。

マニュアルを作成する時間は必要ですが、2回目以降はマニュアルを活用することで、大幅に作業時間を短縮できます。

「お金の投資」と「時間の投資」は共通？

また、「お金の投資」と「時間の投資」という視点から、それぞれの投資先を考えていると、同じ結論にたどり着くケースも珍しくありません。

たとえば、本を買って読むことは、スキルアップにつながり、収入や地位の向上も期待できます。

千数百円の投資によって、それだけの効果を得られるのですから、読書には「お金の投資」としての価値が充分にあります。

その一方で、読書にはある程度の時間がかかります。さらに、そこで得た知識やノウハウは、これからさまざまな場面で活用できます。かかった時間とリターンとを比較すれば、「時間の投資」としても有意義です。

資格を取るためにスクールに通うときも、授業料というお金がかかり、授業に出席する時間がかかります。それらと引き替えに、必要な資格が取得できることや、将来の選択肢が広がるなどの投資効果が得られます。

パーティーや異業種交流会に出ることも、費用と時間はかかりますが、人脈構築などでプラスに働くでしょう。

このように、**「将来、価値を生み出すお金の使い方」と「将来、価値を生み出す時間の使い方」が、重なる場合もあるのです。**

いずれにしても、中長期的な視野を持つことです。目先のものにばかり時間を取られていると、使える時間はいつまでも増えません。

将来を考えて生活することで、時間のムダもお金のムダも減ります。結果、人生を変えていくことができるのです。

鉄則

35

「好きなことに没頭する時間」を持とう！

好きなことがあるのに、ガマンしてはいませんか？

「自己投資」は苦しいことばかりじゃない！

プラスをもたらす時間の使い方には、読書や資格試験の勉強などがありました。これらは「自己投資」と呼ばれます。

世間には「自己投資＝努力すること」といったイメージが強いためか、時間の長期投資についてお話しすると、「楽しい時間を減らして、苦しい時間を増やせば、将来のためになる」と思われがちのように感じます。

しかし、**時間の長期投資は必ずしも、苦しい時間とは限りません。「好きなことに没頭する時間」にも、投資効果が期待できるのです。**

子供のころを振り返ってください。ある遊びや趣味に夢中になって、そればかりに取り組んでいた時期があったと思います。

今になって振り返ると、「なんであんな些細なことを、楽しいと思っていたのだろう？」と首をひねるようなことかもしれませんが、当時はとにかく楽しくて、のめり込んでいたのではないでしょうか。

大人になると、生活の糧を稼がなくてはなりません。好きなことがあっても、そればかりに取り組めなくなるのです。むしろ、「ガマンして嫌いなことをする時間」のほうが、ずっと多いのではないでしょうか。

社会人である以上、与えられた責任はこなさないといけません。ですが、苦しい時間ばかりを過ごしていたら、気持ちが参ってしまいます。

だからこそ、「好きなことに没頭する時間」が大切なのです。そうした時間を持つことによって、さまざまなプラスの効果が得られます。

時代の変化で、価値が生まれることも……

好きなことに没頭することは、当然ながら気分転換になります。日々のストレス発散につながり、健康維持の効果が期待できるでしょう。そうして心身をリフレッシュするから、仕事にも本気で取り組めるのです。

お金に直結しない趣味であっても、没頭して続けていくことで、ある種の「組み合わせの価値」を創出するケースが考えられます。

私は競馬や馬が大好きで、馬券を買い、一口馬主を楽しんでいます。実際に地方競馬の馬主になって、セリ市に行って馬を購入しています。安くていい馬を見つけ出すために、日夜研究を重ねているわけです。

いつかすごい馬の馬主になって、大金持ちに……というのは、さすがに妄想レベルかもしれません。ですが、馬主と税理士業とを絡めて、何かビジネスを創り出せる可能性は、充分にあると考えています。

最初はお金につながらなかった趣味が、時代の変化によって、大きな価値が生み出される可能性も考えられます。

たとえば、スポーツ観戦が好きな人がいたとします。そのスポーツがマイナー競技の場合、すぐにはビジネスにつながりませんが、なんらかのきっかけで人気競技となれば、その人の知識とノウハウが求められます。

一例を挙げれば、女子サッカーです。それまでマイナー競技だったのが、なでしこジャパンの活躍によって、多くの人から注目されました。カーリングが話題のスポーツになった時期もあります。

スポーツに限らず、マイナーなジャンルがいきなり注目を浴びるケースは、今の時代は決して珍しくありません。目先のことばかりにこだわらず、「好きなことに没頭する時間」を楽しんでください！

鉄則

36

ときには、「ムダな時間」も ムダじゃない！

人間は放っておくと、
「興味のあること」
にしか時間を使わない

意識して「ムダ」「無意味」に目を向ける意味

誰しも「価値があると思う時間」や「楽しいと思う時間」を持っています。時間の投資先を考えるときも、それらを優先すると思います。

その一方で、「ムダだと思う時間」や「無意味だと思う時間」は、できるだけ排除しようとします。時間は限られていますから、ムダを排除したほうが、効率的な時間の投資ができそうに思えるのは仕方のないことです。

だからといって、**すべてのムダな時間を排除すれば、投資効果が高まるわけではありません。**私はそのように考えています。

さらに言えば、ムダだと思う時間を、あえて過ごすことが重要なのです。

今の私のお話に、あなたは戸惑われたかもしれません。確かに「ムダな時間を過ごすことは時間のムダ」と思うのが普通でしょう。

しかし、ある人にとってのムダな時間が、誰にとってもムダとは限りません。

プラモデルに興味がない人は、「プラモデル作りはムダな時間」と決めつけるでしょうが、興味がある人には「好きなことに没頭する時間」です。そうした時間が長期投資につながることは、前項でお話ししたとおりです。

人間は興味がないことは、「ムダ」「無意味」と思い込みます。その結果、好奇心の範囲を狭め、活動の幅を狭めてしまうのです。

ムダの排除ばかりを考えていると、時間の使い方が偏ってきます。**「ムダな時間を過ごそう！」と思うことから、今までにない体験ができます。**

新しい体験が、視野を広げてくれる！

さまざまな体験をしていると、自然と教養や趣味が広がります。その結果、ビジネスにもプラスの効果がもたらされるでしょう。

会社員にしても、経営者にしても、目の前の仕事だけに没頭していると、いいアイデアなども浮かんでこなくなります。趣味のジャンルが偏っている場合も、やはりアイデアが限られてくるものです。

幅広い知識と幅広い体験から、斬新なアイデアは生まれます。

また、新しいことにチャレンジすると、それが趣味になる可能性もあります。新しく「好きなことに没頭する時間」ができるわけです。

私にも、未経験のことはたくさんあります。ひょっとしたらその中に、競馬や野球以上に没頭できることがあるかもしれません。

そこで、今はムダだと思うことにも、あえてチャレンジしています。

舞台や歌舞伎や文楽などは、これまでまったく触れてこなかったジャンルだからこそ、最近は触れる機会を増やそうとしています。

読書についても、ずっとビジネス書中心でしたから、歴史や文化、政治などに関する本にも目を向けています。小説やマンガも読み始めました。

時間が有限である以上、ムダを排除するという考え方は、確かに大切です。しかし、興味がある分野だけに手を伸ばしていると、可能性はどんどん狭まっていきます。なかなか成長できなくなるのです。

本書に書かれている時間管理術を実践すれば、生活の中に「フリーの時間」が生まれると思います。

それらを「ムダだと思う時間」「無意味だと思う時間」に使ってみてください。思いがけない発見があるかもしれません。

鉄則

37

「時間をお金で買う」という発想を

「節約＝お金の節約」と
思い込んでいませんか？

「もったいない」は時間にも当てはまる!

次の2つの文章を読み比べて、その違いについて考えてください。

「時間でお金を買う」
「時間をお金で買う」

どうです?
すぐに違いに気づきましたか?

これらの文章は、「で」と「を」が入れ替わっているだけです。たった2文字の違いなのですが、意味合いは大きく変わってきます。

前者は「自分の時間と引き替えに、お金を得ること」を意味します。

私たちは毎日、朝から晩まで働いて、それと引き替えに報酬を得ています。働くことは「時間でお金を買う」のとイコールなのです。

すでにお話ししたとおり、「時間は命そのもの」です。私たちは日々、命を切り売りして、収入を手にしていると言えるでしょう。

それに対して、後者は「お金を使って、時間を得ること」の意味です。

わかりやすい例を挙げれば、バイク便や宅急便です。

自分で荷物を運ぶことができても、その時間を節約したいとき、私たちはバイク便や宅急便に依頼します。「支払うお金より、節約できる時間に価値がある」と思うから、料金を支払って利用するわけです。

パソコンなどの買い換えも、「時間をお金で買う」に含まれます。

ほとんどの場合、パソコンは新しくなるほど、処理速度が向上します。作業が早く終わるようになり、待ち時間も減少します。新型機を購入するお金と引き替えに、時間を効率的に使えるわけです。

日常で「時間の節約」を実践してみる

時間をお金で買える場面は、生活の中に数多く存在します。

にもかかわらず、「お金がもったいない」「自分でやればタダで済む」といった理由で、充分に活用していない人が少なくありません。

確かにお金の節約は大切です。しかし、「時間は命そのもの」であり、「時間はお金よりも大事なもの」なのです。お金と引き替えに時間が手に入る方法を、もっと前向きに検討してもおかしくありません。

これからは、お金の節約だけでなく、時間の節約も視野に入れてください。

たとえば、私は東京都内を移動するとき、タクシーを利用することがあります。毎回1500円程度のタクシー代がかかります。

JRや地下鉄を利用すれば、はるかに安く移動できるでしょうが、電車はタクシーとは異なります。最寄駅への往復の時間が発生しますし、駅に到着してからもホームへの階段を上り下りして、ホームで電車の到着を待たないといけません。多くの場合、タクシーのほうが時間を短縮できます。

また、タクシーの車内は携帯電話を使えますから、クライアントと連絡が取り合えます。広い座席に確実に座れる分、作業もしやすいです。こうしたプラスを考えると、1500円のタクシー代は、充分にペイしていると言えます。

どれだけの金額で、どれだけの時間を節約できればペイしていると言えるのかは、収入によっても変わってくると思います。自分の収入を「時給」に換算してみると、おおよその目安は見えてくるのではないでしょうか。

第６章のまとめ

- 「時間の投資」を意識していると、時間の使い方に迷わない
- 「短期投資」と「長期投資」は分けて考える
- 短期投資ばかりをしていると、さらに時間に追われる
- 心に余裕を持って、長期投資をしていくことが大切
- 時間の投資先は、お金の投資先と重なることも多い
- 「好きなことに没頭する時間」も長期投資に含まれる
- 意識的に「無意味な時間」に投資することも大切
- お金の節約だけでなく、「時間の節約」にも目を向ける

第7章

数十年先まで考えた「時間のライフプラン」

鉄則

38

死ぬまでのことを考えて「時間計画」を

もっと幅広い視野で、時間の使い方を考えよう！

「時間のライフプラン」の基礎知識

相談してきた人が幸せになるように、お金の使い方をアドバイスする仕事を、「ファイナンシャルプランナー」と言います。

この過程でファイナンシャルプランナーは、「ライフプラン」を作成します。最近では外資系の生命保険会社でも、積極的にライフプランを使って、加入者の保険の計画をするようになっています。

ライフプランは文字通り、「お金の人生計画」です。その人や家族の老後まで視野に入れて、お金の使い方・増やし方を考えていきます。数十年という長いスパンで、お金の使い方を考えるわけです。

私は時間に対しても、そうした計画があってもいいと思います。つまり、**「時間の人生計画（ライフプラン）」**を作成するわけです。

お金のライフプランの作成は、家族構成や収入・支出・貯蓄などをもとに、「何をするために、何歳のときにどれくらい必要か？」「それをまかなうためには、どれくらい収入を増やすべきか？」「支出はどれくらい減らすべきか？」「どのような投資をすればよいか？」といったことから考えていきます。

時間についても同じです。

現在の状況を前提として、「何をするために、何歳のときにどれくらい必要か？」「それをまかなうためには、どれくらいの余裕を作っておけばいいか？」「時間の浪費はどれくらい減らすべきか？」「どのような投資をすればいいか？」といった計画を立ててみるわけです。

計画は紙に書き出してみよう！

もし「将来のことなんて考えたくない！　ずっと楽に生きていきたい！」と思うのであれば、それもいいと思います。しかし、将来において使える時間を増やすためには、今がんばらないといけないのです。

行き当たりばったりもいいですが、計画を立てて時間を使っていくことも、充実した人生には必要ではないでしょうか。

有意義な時間を増やす第一歩が、時間のライフプランの作成です。しっかりとした

人生設計があれば、時間の使い方が変わってきます。

たとえば、成人してから40歳くらいまでは、与えられた仕事を一生懸命やる。その中で何か1つ、「好きなもの」「熱中できるもの」「没頭できるもの」を見つけて、40歳くらいからは本格的に仕事にする。

50代では、それに新しい要素を加えたり、自分流にアレンジしたりする。

60歳を超えたあるタイミングで、すべての仕事を辞めて、仕事とは別の「好きなもの」「熱中できるもの」「没頭できるもの」を楽しむ。

これはあくまでも一例です。私の勝手な考えに過ぎませんから、実際のライフプランの作成は、あなたが自由に考えてみてください。

まずは現状を分析して、「将来どのようになりたいか？」「どのように時間を使っていきたいか？」を決めて、紙に書き出してください。

すべてキッチリ決めなくてもOK。最初は「だいたい」でいいのです。

イメージを膨らませ、自分の思った通りに書いてください。そうすれば、あなたのライフプランが浮かび上がってきます。

鉄則

39

あなたの人生の「残された時間」を把握する

人生が限られている以上、残り時間だって限られる

「定年までに使える時間」を有意義に！

人生全体に目を向けた「時間のライフプラン作り」が終わったら、今度は「活用可能な残り時間」を計算してみてください。

会社員で平日に4時間ずつ、休日に12時間ずつ自由に使えると仮定すると、年間約2400時間が活用可能です（年間休日120日で計算）。

人間は年を取ると、できることが制限されますから、活発に動けるのは働いている期間だけです。**現在30歳で定年が60歳と考えると、残されている時間は「2400時間×30年＝7万2000時間」となります。**

これがあなたの人生で、活用可能な残り時間です。

まずは、今の年齢とリタイアする年齢から、残り時間を計算してください。

それをライフプランと照らし合わせて、「30代ではこれをやる」「40代ではこれをやる」「50代ではこれをやる」といった具合に考えてみましょう。10年単位にこだわらず、7年単位などで決めてもOKです。

長期的な視野で考えることで、時間の使い方に迷わなくなります。短いスパンでの

スケジュールも組みやすくなるのではないでしょうか。

「2年で英会話をマスターする」と思った場合

あなたが英語学習に力を入れていて、「2年で英語をマスターし、次の2年で海外に留学したい！」という希望があったとします。

この場合、これから2年間（＝4800時間）の活用法を考えるわけです。

きわめてシンプルな考え方だと、「毎日2時間ずつ、英語の勉強に使う」と決めてしまうことができます。「毎日18時～20時を英語の勉強に使う」といった具合に、時間帯まで決めて、スケジュールに組み込んでしまいましょう。

最近は多種多様な学習法が可能となりました。「skype」など、インターネットでのチャットを使い、英会話の授業を行っているスクールも見かけます。外国人と友達になり、外国人が集まるところに行ってもいいでしょう。

あらかじめ「毎日18時～20時を英語の勉強に使う」と決めていれば、さまざまな使い方に目が向きます。

休日も含めて毎日2時間ずつ、準備なども含めて毎日3時間ずつ活用すると、そのことのために毎年1000時間ほど使う計算です。

先ほど計算したように、平日に4時間ずつ、休日に12時間ずつ自由に使える時間があれば、年間2400時間が活用できました。

そこから英語学習の時間を引いても、残りは1400時間もあります。この使い方も決めてみましょう。

年単位のスケジュールの作成は、年末や年始に取り組む人を多く見かけます。7月や8月の中途半端な時期だと、「来年からやればいいや」といった調子で、先延ばしにされがちのようです。

このような考え方を続けていたら、また無意味な1年を過ごします。

スケジュールの作成は、何月にやってもいいのです。今日が8月15日であれば、来年の8月14日までの時間の使い方を考えてみましょう。

8月は準備期間としてとらえて、「9月〜8月の1年計画」を考えることもできます。あなたも今すぐに、計画を立ててください！

鉄則

40

数年単位で「何をやっていくか？」を考える

10年単位や7年単位で、将来の計画を立ててみよう！

最終的な目標だけだと、途中で道に迷う危険も……

時間のライフプランの作成も、利用可能な残り時間の配分も、かなり長期的な話となります。人生全体に目を向けないと考えられません。

ただし、**あまりに目標が大きすぎると、途中で投げ出す危険も出てきます。最終的な目標達成のためには、小さな目標もいくつか設けてください。「時間の使い方のスモールゴール」を決めてしまうわけですね。**

わかりやすいのが、「30代ではこれをやる」「40代ではこれをやる」「50代ではこれをやる」といった具合に、10年単位で考えることです。

もう少し周期を短くして、7年単位で決めてもいいでしょう。

私も20代のころから数年単位で、時間の使い方を考えてきました。その結果、さまざまな目標を実現できたのです。

私は23歳で就職してからしばらくは、何も考えずに働いていました。

将来について真剣に考えたのは、28歳くらいのときでした。悩んだ末、「勉強して税理士の資格を取り、独立する」と決めました。

もちろん、税理士の資格を取っても、すぐに独立できるとは限りません。独立したものの依頼が増えず、廃業に追い込まれるケースもあります。

そこで28歳の私は、「40歳のときには、税理士として軌道に乗っていたい」と決めました。中間のゴールを決めたわけです。

この中間のゴールから逆算して、さらに細かく区切っていきました。「50歳になったら、また新しいことを考える」とも決めたものです。

〈著者が28歳のときに考えた時間の使い方〉

- 40歳のときには、税理士として軌道に乗っていたい
- そのためには、37歳までに独立したい
- そのためには、34歳までに合格したい

現実には、目標より少し早めの33歳で、税理士試験に合格できました。

当初は数年間の修行期間を設けるつもりだったのですが、税理士事務所への就職がなかなか決まらなかったため、34歳でいきなり独立しています。

予定の40歳より早く、税理士として軌道に乗ることができたわけです。

現在は42歳となり、人生計画を練り直しています。まずは「49歳までの7年間で、自分しかできない新規事業を軌道に乗せたい」と決めました。

その後、「56歳までの7年間」と「63歳までの7年間」で1つずつ、社会に貢献できることをやっていく予定です。「63歳からは現役としての仕事は減らして、好きなことに取り組みたい」とも考えています。

具体的に決まっているのは49歳までの最初の7年間だけですが、そこで目標を達成できれば、次の7年間の目標も見えてくるでしょう。

年齢を重ねて実績も増えたためか、逆算でなく積み上げ式でも、将来を考えることができるようになりました。

あなたも10年単位とか7年単位で、時間の使い方を考えてみてください。おおよそでもいいので、将来のイメージを持つことです。

それを実現させるために、集中的に時間を投資していけば、選択に迷うこともなくなります。最終的なゴールにも近づけるでしょう。

このようにして、夢が達成できるとしたら、素晴らしいことですよね。

鉄則

41

「今しかできないこと」はすぐにやる！

「年を取るのはずっと先のこと」と思っていませんか？

物事によっては「制限時間」が決まっている

今後の人生で「何をやっていくか？」を決めたとしても、それらをすべて、予定通りに実現できるとは限りません。

なにせ人生は、何が起こるかわからないのですから。いきなり命を落とす可能性だって、決してゼロではありません。

命を落とさないまでも、「加齢」や「老化」といった問題はついて回ります。どれだけ健康を意識して、アンチエイジングに力を入れても、老いを完全に無視することは不可能です。

人間は必ず年を取り、やりたいこともできなくなっていく――。時間の使い方を考えるときに、この現実を忘れてはいけません。

ずっとできること。
一定の年齢までできること。
今しかできないこと。

これらを明確に区別して、取り組む時期を考えましょう。いくら選択が正しくても、順番を間違えたら、実現できなくなるのです。

「今しかできないこと」は早めに

誰しも年齢を重ねれば、体力も落ちてきますし、集中力も続かなくなります。外国語の習得や試験勉強、ルーティーンの地道な仕事などは、早めに取り組むに越したことはありません。「今しかできないこと」に含まれます。

実労働が伴う作業も、年齢を重ねたらつらくなります。これまた「今しかできないこと」ですね。

若いうちに積極的に動くから、ベテランになってから管理する側に回ることもできますし、独立・起業も視野に入れられます。

子供を育てている方も、「今しかできないこと」がたくさんあるはずです。子供の成長は早いですからね。「幼児教育に力を入れよう」と思っていても、何年か先延ばしにしていたら、永遠にチャンスは失われます。

こうした**「今しかできないこと」には、優先的に時間を使いましょう。**

毎年使える時間が２４００時間あったとしたら、その半分の１２００時間は、「今しかできないこと」に使ってもいいのではないでしょうか。

平日に2時間ずつ、休日に6時間ずつ使えば、だいたい年間１２００時間です。

一方、「ずっとできること」は、性急に結果を求めてはいけません。長期的な視野を持って、コツコツやっていけばいいのです。

たとえば、体力維持のランニングなどは、年を取ってからでも取り組めます。中高年の市民ランナーはたくさんいますからね。それだけに、「半年後にフルマラソンに出場し、3時間を切る」といった目標設定は向いていません。

まずは6時間を目標とし、次に5時間半、その次は5時間……というように、地道にクリアしていけばいいのです。

勉強も期限が決まっておらず、地道にコツコツできるタイプのものは、年齢を重ねても取り組むことができます。長期的に続けられるものは、少しずつ目標を上げていき、実績を積み重ねていってください。

鉄則

42

「時間に後悔しない人生」を実現するために

ムリなく、確実に、
堅実に、時間を増やして
いくために

「ギャンブル」は失敗するのが当たり前

14ページ（鉄則2）で、お金と時間を比較しました。

お金は一時的に失っても、再び増やすことができますし、貯めておいて後から使うことも可能でした。

しかし、時間は増やすことができません。貯めておくこともできません。一度でも失われてしまえば、永遠に戻ってこないのです。

だからこそ、日頃から時間を意識して、うまく管理しないといけません。

同じ時間に2倍のことができれば、時間が2倍に増えるのと同じ効果があります。限られた時間の中で、より多くのことができるでしょう。

時間管理をすることによって、時間の活用の幅が広がっていくのです。

ただし、焦ってはいけません。**「今日から時間の使い方を変えて、今までの2倍のことをこなそう！」などと思っていたら、多くの場合は失敗します。**

お金を増やすときだって、短期間で結果を出すためには、ハイリスクハイリターンのギャンブルに手を出さざるを得なくなります。リターンを得られるのはほんの一握りで、ほとんどの人は財産を失います。

時間も同じです。**ハイリスクハイリターンよりも、ローリスクローリターンを意識して、少しずつ増やしていく姿勢が不可欠です。**

時間は「複利」で増やしていく

このプロセスで意識してほしいのが「複利の力」です。複利は貯金や投資で使われる言葉ですが、時間に対しても当てはまります。

あなたが時間の使い方を工夫して、同じ時間で実現できることが、毎年3パーセントずつ増やせるとします。「1年でたった3パーセントか」と思われるかもしれませんが、増えた3パーセントにも、翌年の増加分が反映されます。

くり返し確実に増えていくのが、「複利の力」というわけです。

毎年3パーセントずつ積み上げていけば、20年後には約1・8倍の効果が得られます。24年後にはほぼ倍です。

ローリスクローリターンの投資であっても、時間をかけて増やし続けることで、大きなプラスを手にできるのです。

何度も言いますが、失った時間は戻ってきません。今はまだ若くても、人生の終わりへのカウントダウンは始まっているのです。

私などもう42歳になってしまい、平均的な寿命を考えると、人生の折り返しを過ぎてしまいました。残された時間も限られています。これからは、とにかく後悔しないように、毎日を考えて過ごしていきたいと思います。

何も考えずに日々過ごすことは簡単です。そのような人生が楽しい方は、それでいいのではないかと思います。

しかし、私は残された時間に1つでも、後世の役に立つような痕跡を残したいと思っています。

そのためには、ムダにしている時間などありません。熟慮して時間管理をして、有意義に過ごしていきたいと思っています。

この本を読んだことがきっかけで、何か1つでも実践していただければ、あなたの人生も大きく変わると思います。

第７章のまとめ

- 将来をイメージして、「時間のライフプラン」を作ってみる
- 計画したことは紙に書き出す。最初は「だいたい」でもＯＫ
- 定年する前の年数から、「活用可能な残り時間」を計算する
- 将来の大きな目標だけだと、実現できるとは限らない
- 「10年単位」や「７年単位」で、時間の使い方を考える
- 年齢などの制限で、「今しかできないこと」はすぐにやる
- 「ずっとできること」には、性急に結果を求めない
- 少しずつでも時間を効率化すれば、「複利の力」が期待できる

おわりに

何度も何度も言いますが、「時間は命そのもの」です。

今はまだ若くても、時間は大切にしなければなりません。時間を大切にすることができれば、あなたの人生は絶対に、いい方向に変わります。

世の中に無数にある本の中から、この本を手に取ってくれたあなたに、私は「縁」を感じます。どうか、この縁を生かしてください。

本を閉じたら何もしない……というのではなく、たった1つでも2つでもいいですから、実際に生活に取り入れてください。その中には必ず、あなたがいい方向に変わるきっかけが含まれています。

この本を通じて、あなたの一部が少しでもいい方向に動いていくのであれば、こんなにうれしいことはありません。

最後までこの本をお読みいただき、ありがとうございました。

この本に関わってくれた、すべての人に感謝します。

山本憲明

著者プロフィール
山本憲明（やまもと　のりあき）

税理士。気象予報士。山本憲明税理士事務所代表。H＆Cビジネス株式会社代表取締役。

10年半の会社員生活ののち、2005年1月、山本憲明税理士事務所を設立。

開業1年目から順調に売り上げを伸ばしていたが、将来の税理士業界や経営の在り方に疑問を感じ、最小限の人数での効率的な経営に方向転換。

現在では、少人数で効率的な経営を行いたい経営者をサポートし、その経営者がお金、時間、（家族など）人との関係のすべてにバランスが取れた楽しい経営が実現できるよう、実践と勉強に励んでいる。本業のかたわら、馬主業や少年野球コーチなども行っている。

著書『朝1時間勉強法』『「朝1時間シート」で人生を変える法』（以上、中経出版）がベストセラーになっている。


使える時間が倍増する！

時間管理の鉄則

2012年7月12日　初版第1刷

著者	山本憲明
発行者	石﨑 孟
発行所	株式会社 マガジンハウス
	〒104-8003
	東京都中央区銀座3-13-10
	受注センター　☎049-275-1811
	書籍編集部　☎03-3545-7030
デザイン	萩原弦一郎（デジカル）
編集プロデュース	糸井 浩
印刷・製本	中央精版印刷株式会社

ISBN 978-4-8387-2451-2 C0034